U0477163

杭州优秀传统文化丛书
Hangzhou Youxiu Chuantong Wenhua Congshu

# 几许丹青院画中

徐燕露——著

杭州出版社

**图书在版编目（CIP）数据**

几许丹青院画中 / 徐燕露著 . -- 杭州 : 杭州出版社 , 2022.8
（杭州优秀传统文化丛书）
ISBN 978-7-5565-1700-8

Ⅰ . ①几… Ⅱ . ①徐… Ⅲ . ①画家－生平事迹－中国－南宋 Ⅳ . ① K825.72

中国版本图书馆 CIP 数据核字（2022）第 012241 号

Ji Xu Danqing Yuanhua Zhong

# 几许丹青院画中

徐燕露/著

责任编辑　刘　潇
文字编辑　林小慧
装帧设计　祁睿一　李轶军
美术编辑　祁睿一
责任校对　段伟文
责任印务　屈　皓
出版发行　杭州出版社（杭州西湖文化广场32号6楼）
电话：0571-87997719　邮编：310014
网址：www.hzcbs.com
排　　版　浙江时代出版服务有限公司
印　　刷　天津画中画印刷有限公司
经　　销　新华书店
开　　本　710 mm × 1000 mm　1/16
印　　张　12.75
字　　数　160千
版 印 次　2022年8月第1版　2022年8月第1次印刷
书　　号　ISBN 978-7-5565-1700-8
定　　价　58.00元

# 序　言

## 文化是城市最高和最终的价值

我们所居住的城市，不仅是人类文明的成果，也是人们日常生活的家园。各个时期的文化遗产像一部部史书，记录着城市的沧桑岁月。唯有保留下这些具有特殊意义的文化遗产，才能使我们今后的文化创造具有不间断的基础支撑，也才能使我们今天和未来的生活更美好。

对于中华文明的认知，我们还处在一个不断提升认识的过程中。

过去，人们把中华文化理解成“黄河文化”“黄土地文化”。随着考古新发现和学界对中华文明起源研究的深入，人们发现，除了黄河文化之外，长江文化也是中华文化的重要源头。杭州是中国七大古都之一，也是七大古都中最南方的历史文化名城。杭州历时四年，出版一套“杭州优秀传统文化丛书”，挖掘和传播位于长江流域、中国最南方的古都文化经典，这是弘扬中华优秀传统文化的善举。通过图书这一载体，人们能够静静地品味古代流传下来的丰富文化，完善自己对山水、遗迹、书画、辞章、工艺、风俗、名人等文化类型的认知。读过相关的书后，再走进博物馆或观赏文化景观，看到的历史遗存，将是另一番面貌。

过去一直有人在质疑，中国只有三千年文明，何谈五千年文明史？事实上，我们的考古学家和历史学者一直在努力，不断发掘的有如满天星斗般的考古成果，实证了五千年文明。从东北的辽河流域到黄河、长江流域，特别是杭州良渚古城遗址以距今5300—4300年的历史，以夯土高台、合围城墙以及规模宏大的水利工程等史前遗迹的发现，系统实证了古国的概念和文明的诞生，使世人确信：这里是古代国家的起源，是重要的文明发祥地。我以前从来不发微博，发的第一篇微博，就是关于良渚古城遗址的内容，喜获很高的关注度。

我一直关注各地对文化遗产的保护情况。第一次去良渚遗址时，当时正在开展考古遗址保护规划的制订，遇到的最大难题是遗址区域内有很多乡镇企业和临时建筑，环境保护问题十分突出。后来再去良渚遗址，让我感到一次次震撼：那些“压”在遗址上面的单位和建筑物相继被迁移和清理，良渚遗址成为一座国家级考古遗址公园，成为让参观者流连忘返的地方，把深埋在地下的考古遗址用生动形象的“语言”展示出来，成为让普通观众能够看懂、让青少年学生也能喜欢上的中华文明圣地。当年杭州提出西湖申报世界文化遗产时，我认为这是一项需要付出极大努力才能完成的任务。西湖位于蓬勃发展的大城市核心区域，西湖的特色是“三面云山一面城”，三面云山内不能出现任何侵害西湖文化景观的新建筑，做得到吗？十年申遗路，杭州市付出了极大的努力，今天无论是漫步苏堤、白堤，还是荡舟西湖里，都看不到任何一座不和谐的建筑，杭州做到了，西湖成功了。伴随着西湖申报世界文化遗产，杭州城市发展也坚定不移地从“西湖时代”迈向了“钱塘江时代”，气势磅礴地建起了杭州新城。

从文化景观到历史街区，从文物古迹到地方民居，众多文化遗产都是形成一座城市记忆的历史物证，也是一座城市文化价值的体现。杭州为了把地方传统文化这个大概念，变成一个社会民众易于掌握的清晰认识，将这套丛书概括为城史文化、山水文化、遗迹文化、辞章文化、艺术文化、工艺文化、风俗文化、起居文化、名人文化和思想文化十个系列。尽管这种概括还有可以探讨的地方，但也可以看作是一种务实之举，使市民百姓对地域文化的理解，有一个清晰完整、好读好记的载体。

传统文化和文化传统不是一个概念。传统文化背后蕴含的那些精神价值，才是文化传统。文化传统需要经过学者的研究提炼，将具有传承意义的传统文化提炼成文化传统。杭州与丛书作者在创作方面作了种种古为今用、古今观照的探讨交流，还专门增加了“思想文化系列”，从杭州古代的商业理念、中医思想、教育观念、科技精神等方面，集中挖掘提炼产生于杭州古城历史中灵魂性的文化精粹。这样的安排，是对传统文化内容把握和传播方式的理性思考。

继承传统文化，有一个继承什么和怎样继承的问题。传统文化是百年乃至千年以前的历史遗存，这些遗存的价值，有的已经被现代社会抛弃，也有的需要在新的历史条件下适当转化，唯有把传统文化中这些永恒的基本价值继承下来，才能构成当代社会的文化基石和精神营养。这套丛书定位在“优秀传统文化”上，显然是注意到了这个问题的重要性。在尊重作者写作风格、梳理和讲好“杭州故事”的同时，通过系列专家组、文艺评论组、综合评审组和编辑部、编委会多层面研读，和作者虚心交流，努力去粗取精，古为今用，这种对文化建设工作的敬畏和温情，值得推崇。

人民群众才是传统文化的真正主人。百年以来，中华传统文化受到过几次大的冲击。弘扬优秀传统文化，需要文化人士投身其中，但唯有让大众乐于接受传统文化，文化人士的所有努力才有最终价值。有人说我爱讲“段子”，其实我是在讲故事，希望用生动的语言争取听众。今天我们更重要的使命，是把历史文化前世今生的故事讲给大家听，告诉人们古代文化与现实生活的关系。这套丛书为了达到“轻阅读、易传播”的效果，一改以文史专家为主作为写作团队的习惯做法，邀请省内外作家担任主创团队，组织文史专家、文艺评论家协助把关建言，用历史故事带出传统文化，以细腻的对话和情节蕴含文化传统，辅以音视频等其他传播方式，不失为让传统文化走进千家万户的有益尝试。

中华文化是建立于不同区域文化特质基础之上的。作为中国的文化古都，杭州文化传统中有很多中华文化的典型特征，例如，中国人的自然观主张“天人合一”，相信“人与天地万物为一体”。在古代杭州老百姓的认知里，由于生活在自然天成的山水美景中，由于风调雨顺带来了富庶江南，勤于劳作又使杭州人得以“有闲”，人们较早对自然生态有了独特的敬畏和珍爱的态度。他们爱惜自然之力，善于农作物轮作，注意让生产资料休养生息；珍惜生态之力，精于探索自然天成的生活方式，在烹饪、茶饮、中医、养生等方面做到了天人相通；怜惜劳作之力，长于边劳动，边休闲娱乐和进行民俗、艺术创作，做到生产和生活的和谐统一。如果说“天人合一”是古代思想家们的哲学信仰，那么“亲近山水，讲求品赏”，应该是古代杭州人的生动实践，并成为影响后世的生活理念。

再如，中华文化的另一个特点是不远征、不排外，这体现了它的包容性。儒学对佛学的包容态度也说明了这一点，对来自远方的思想能够宽容接纳。在我们国家的东西南北甚至是偏远地区，老百姓的好客和包容也司空见惯，对异风异俗有一种欣赏的态度。杭州自古以来气候温润、山水秀美的自然条件，以及交通便利、商贾云集的经济优势，使其成为一个人口流动频繁的城市。历史上经历的“永嘉之乱，衣冠南渡”，“安史之乱，流民南移”，特别是“靖康之变，宋廷南迁”，这三次北方人口大迁移，使杭州人对外来文化的包容度较高。自古以来，吴越文化、南宋文化和北方移民文化的浸润，特别是唐宋以后各地商人、各大商帮在杭州的聚集和活动，给杭州商业文化的发展提供了丰富营养，使杭州人既留恋杭州的好山好水，又能用一种相对超脱的眼光，关注和包容家乡之外的社会万象。这种古都文化，也代表了中华文化的包容性特征。

城市文化保护与城市对外开放并不矛盾，反而相辅相成。古今中外的城市，凡是能够吸引人们关注的，都得益于与其他文化的碰撞和交流。现代城市要在对外交往的发展中，进行长期和持久的文化再造，并在再造中创造新的文化。杭州这套丛书，在尽数杭州各色传统文化经典时，有心安排了“古代杭州与国内城市的交往”“古代杭州和国外城市的交往”两个选题，一个自古开放的城市形象，就在其中。

“杭州优秀传统文化丛书”团队在传统和现代的结合上，想了很多办法，做了很多努力。传统文化丛书要得到广大读者接受，不是件简单的事。我们已经走在现代化的路上，传统和现代的融合，不容易做好，需要扎扎实实地做，也需要非凡的创造力。因为，文化是城市功能的最高价值，也是城市功能的最终价值。从“功能城市”走向“文化城市”，就是这种质的飞跃的核心理念与终极目标。

单霁翔

2020 年 9 月

（单霁翔，中国文物学会会长）

富春山居图（局部）

# 目　录

# 引　子

## 画院初建，回忆前尘光影

夕阳西下，云海缱绻，晚霞簇簇盛开，荡漾在无垠天际，宛如一幅气韵生动的画卷，奶白打底，湛蓝统染，反复皴擦几笔后，金色提染，最后率意地泼一团胭脂墨，将万物层层染尽。

南宋嘉泰四年（1204），梁楷奉命绘制宫廷仪仗，伸个懒腰的间隙，一阵说不清道不明的空虚涌上心头。他虽早已厌倦画院的按部就班，但数月的坚持此刻被轰然击溃。

沿着楼梯盘旋而上，梁楷明了心中答案：离开画院。于是，他站在走廊上，侧首凝眸，沐浴着今日最后一缕残光。这样的黄昏如诗如画，他惊叹于自然的鬼斧神工，喃喃自语："许是最后一回站在这儿看风景了。"他低眉，一抹情绪一闪而过，转而释然一笑，纵情远眺：澄江如练，跳跃着粼粼波光；层峦耸翠，笼罩着烟光与暮色；楼台檐廊，炊烟披霞，丹漆流彩。

当万家灯火照亮临安（今浙江杭州）的街头巷尾，

梁楷独自一人从画院正门走出，身后光线忽明忽暗。他蓦然回首，画院往事正一幅幅挂上时间的长廊。

靖康年间（1126—1127），金兵大举入侵，东京沦陷，后在应天府（今河南商丘）即位的赵构（宋高宗）仓皇逃难，成为徽宗子嗣中唯一逃脱的幸运儿。金兵哪肯放过这条“漏网之鱼”，立即展开穷追不舍的追杀，因而赵构四处逃亡，行踪遍布大半江山。但即便走向穷途末路，赵构也是苦中作乐，没有放弃追踪和收藏名品的趣好。他时常差人四处访求书画名作，并多以厚价购得。故此，他逃到哪里，哪里的名画藏书就多被其收入囊中。海上漂泊避难的日子里，因金兵不识水性，赵构有了短暂喘息的余地，更是不忘把玩书画藏品。

有一次，金兵步步紧逼，距营地仅数十里，将领冲进营帐，粗喘着禀告：“官家，快走，金兵快杀过来了，我们得立即撤退！”赵构闻信大惊失色，条件反射地大喊：“撤退，快撤退！”一眨眼，他就跑出了营帐，翻身上马，但抓着马缰时还不忘转头传讯：“可别忘了让士兵连我的藏品一块儿带上，不能落入贼手！”一片慌乱中，赵构在将领拼死保护下终于全身而退。

战火纷飞的岁月，赵构百般收罗书画名品；大难不死、定都临安后，他更是设法追踪北宋内府（宫廷的书画收藏机构）和画院散佚的作品。绍兴十一年（1141），宋金和议成功，条约中明确规定设立榷场——实则为追回被金人掠夺的书画藏品的重要基地。于是，当时内府搜集到的藏品数以千计，堪比宣和时期。

一个王朝建立之初，百废待兴。在危难之际，赵构挽狂澜于既倒，扶大厦之将倾。他不遗余力地招揽前朝遗臣，绍兴年间（1131—1162），画院终于建立，迈出画院“中兴”的第一步。先前的收藏品派上了大用场，赵构肩负起保护文物的重任，却未将其据为己有。他开放内府的藏品供画院画家学习、临摹，因而为画院的复兴提供了便利条件。

藏品有真伪，其年代、作者、流传信息难免有所缺失，于是，大量的鉴赏工作随之展开，成为画院的日常工作之一。每每刚一寻得珍品，赵构便迫不及待地传令画院，以马兴祖待诏为首，其他人为辅，紧锣密鼓地鉴别、品藻奇踪古迹。他们为书画名作铨定品目，装饰裁制均以特定格式来规范，最后进行印识题签。

画院的命运始终与皇权休戚与共，它的重生最初是以官家的血泪滋养的。

回忆戛然而止，梁楷敛眉叹惜：“先帝历经艰难曲折开辟了一方天地供画家施展，却非我这无拘无束之人的容身之地。”他加快脚步，趁着夜色，再无留恋地离开了他曾经待了三年的画院。

## 从北至南，画院由内而外的那些“量变”

隆兴二年（1164）五月，天申节（农历五月二十一日，太上皇宋高宗生日）将用乐上寿，上曰：“一岁之间，只两宫诞日外，余无所用，不知作何名色。”大臣皆言：“临时点集，不必置教坊。”上曰：“善。”①

此时，德寿宫内，赵构正在芙蓉冈悠然自得地赏景。园中栽种一大片芙蓉花。正是花季，芙蓉朵朵，清丽淡雅，绿叶肥硕。赵构伸手欲折取一朵芙蓉簪戴，听闻教坊被撤，不禁用力，“叭”的一声，他却恍然不觉，心中若有所思。

①〔元〕脱脱等：《宋史·乐十七》。

遥想当年，建炎初，百废待兴，为减少冗官冗费，他不得不撤销教坊。此后，教坊一度消失，直至绍兴十四年（1144）才得以复置。彼时君臣围坐，其乐融融，宫廷宴乐，丝竹歌舞，历历在目。

深吸一口花香，赵构心中了然。教坊从兴盛到再度

〔宋〕赵佶《听琴图》（局部）

濒临消失绝不是偶然，而是官僚体制改革下的必然，从各省、部、监、寺的精简中足以寻得蛛丝马迹。

赵构拿着芙蓉花，目光平视，见不远处一方千姿百态的芙蓉石，脑海浮现其父徽宗（赵佶）的《芙蓉锦鸡图》《听琴图》。昔日父亲笔下的芙蓉美丽动人，画作堪称一绝；他一生钟爱花鸟艺术，鼎力支持画院创作，最终却无力阻止画院被毁，藏品被掳，切肤之痛不过如是！如今画院虽得以重建，但因此劫难而元气大伤，没有北宋画院恢宏磅礴的气势。

除此之外，众人将北宋画院视为国破家亡的“罪魁祸首”，对画院产生排斥心理。出于前车之鉴，反复权衡利弊后，赵构最终决定减小画院规模，改变机构设置。为了使画院更好地服务宫廷，他又从画院中挑选几名御前画师，采取轮班制，允许他们自由出入宫廷，随时听候调遣。

由于规模缩减，院画家或归属画院或散置于其他机构，画师因而大多身兼数职。南宋画院继承北宋画院的总体框架，职官以待诏、祗候为主。

北宋画院通过绘画考试筛选人才，注重以德、智、美培养全才、通才，除官方统招外，也有荐入、诏入、恩补、荫补等特招情况。然而宋室南渡后，师承关系和家族传承逐步成为画院引进人才的主要渠道，间接形成一项不成文的规定。其中，师承关系除了亲传弟子，亦包括后辈师法先辈，因而，画院形成了良好风气，减少了恶性竞争，有利于互助提高。

除此，南宋画院分科更加细致明确，称为“画家十三科”：佛菩萨相、玉帝君王道相、金刚神鬼罗汉圣僧、风云龙虎、宿世人物、全境山水、花竹翎毛、野骡走兽、人间动用、界画楼台、一切傍生、耕种机织，以及雕青嵌绿等。

一晃数年，北宋画院考试择优录取制度竟因“过时”而被淘汰！赵构始料未及，召画师李唐入宫，动情回忆：“画院今时不同往日。犹记得在东京时，画学考试往往百里挑一，尔后又对入选者以士流、杂流区分，大浪淘沙似的层层选拔后，画师方可入职画院。当时你在‘竹锁桥边卖酒家’的命题考试中脱颖而出，朕还曾向你请教呢。”李唐默默听着，躬身答道：“老臣深有体会。只是画院因时而变，何尝不是一桩幸事？”

赵构继承了父亲丰富的艺术细胞，也是精通书画，他深知，人才是画院灵魂所在。他提倡给画院营造一种相对宽松的氛围：院画家既各司其职，各自发挥，又不囿于单科，涉猎广泛，互相学习。于是，艺术创作呈现出多样化和专业化特征。同时，他优待画家，复职众多宣和时期画师，为画院“中兴”奠基。皇天不负有心人，在残存的半壁江山，画院不断推陈出新。画幅由巨幅、全景式构图转变为边角式构图，绘图因而以小品、扇面绢为载体，演变成典型而明晰的院体画风格。花鸟、山水、人物三科蓬勃兴起，甚至出现交叉融合现象，新的绘画技巧和成就为画院“中兴”开启一段明媚似锦的前程。苏家（苏汉臣、苏晋卿）、阎家（阎仲、阎次平）、夏家（夏圭、夏森）等绘画世家更迭，父子同堂供奉画院的现象已不足为奇，更何况后来又有马家“一门五代七画家”的画史佳话。

不过，画师为博当朝者赏识而出人头地，势必识时务地从事这三科。杂画有如江河日下，光宗、宁宗时期，画院中竟无人专攻。多重因素综合作用下，马氏家族也由杂画转攻山水花鸟，马远“画山水、人物、花禽，种种臻妙，院人中独步也”[1]。

## 院画家的“黄金时代”，画院的“中兴”

“掐指一算，竟已在画院整整五十个年头！”淳祐元年（1241），已过古稀之年的李嵩须发皆白，他搁笔沉默，陷入内心的独白。

细数过往人生的起伏，李嵩庆幸迎来了职业生涯“转折点”。而养父李从训是其人生拐点的关键契机。声名远播的画院待诏李从训收他为养子，亲自传授画技，他何其有幸。在朝夕相处中，父子俩感情甚笃，无话不谈。

李嵩不自觉地忆起父亲生前常提画院。李从训与其切磋探讨画技，谈及画院时，不无感慨：“画院虽今非昔比，然此生又能重回画院，幸甚！”他似乎沉浸在往事中，留恋道：“可惜‘踏花归去马蹄香’‘浓绿万枝红一点，动人春色不须多’‘野水无人渡，孤舟尽日横’等以诗为命题而谱写佳话的画学考试已无处寻觅。”李嵩见状，忙宽慰道：“画院如今亦处于‘中兴’，画师际遇远高于前。”

作为一名三朝元老画家，李嵩目睹南宋画院“中兴”后的由盛渐衰，也从书籍和李从训的回忆中对北宋画院全貌有了总体印象。在对两者异同完成初步建构后，李嵩对南宋画院的信心从未动摇，视之为院画家的“黄金时代”。

他仿佛穿梭在历史的长廊，试图通过所知所得，将记忆的碎片拼凑，一字一句把院画家的处境娓娓道来。

画院传统得以延续，与宋高宗重视人才有极大关系。

①〔清〕厉鹗：《南宋院画录》。

他用人不拘一格，既将一大批北宋画院的“骨干”力量引进画院，又招揽当地画家，为画院注入一股新鲜血液。高宗精通书画，却不如先帝那般对画家们过多干涉，对院画家的束缚减弱，实际上彰显了高宗对院画家创作个性的认同，因而，院画家们在一定程度上可依照个人喜好进行绘画，创作有了更大的发挥空间。即使皇权更替，后代官家或多或少都承续了这种做法，似乎成了一种不成文的传统。

重入画院的前朝画家摆脱了北宋时皇室对画家绘画风格的严格把控，同时切身感受到临安盛世胜景的魅力，画风、画技都有所突破。李唐的“一角山水”，引领画院革新的步伐，萧照、刘松年、马远、夏圭等人继往开来。院画家的艺术创作呈现出了一种多元化、世俗化倾向。院画家技法全面，又各有千秋。

此外，绘画教育方式改变，消除了身份的“门槛”，北宋时期的士流、杂流之分随之消退。落草为寇的萧照最终“咸鱼翻身”，得以进入画院，补迪功郎，任职至待诏。

画家服务于宫廷，除品评散落民间的名画外，为宫廷和皇家园林里的寺、观、塔等建筑绘制壁画，记录帝王的生活起居、宫廷的生活场景和其他事件，或按帝王旨意创作等，成为院画家的日常职事。在与宫廷的密切往来中，宫廷和院画家建立起一种默契的双向良性互动。历代官家多效法先辈，直接参与画事，题诗、赐金带、迁官等等。皇族权贵的主动推崇，使互动呈现及时有效性。题诗主要分为先题诗、后绘制和先绘制、后题诗两种。高宗毕生阅画无数，除赐金带等物质奖励之外，多以诗情“回应”院画家。李唐、马远、萧照……纷纷榜上有名。后宫对院画家亦不乏诗情，宋宁宗皇后杨氏精通书画，是马远艺术生涯中最赏识他的伯乐，频频为其题诗。杨皇后为《仙坛秋月图》题诗，为《画梅四幅》赋组诗……为马远作词，《诉衷情·题马远松院鸣琴》是其对马远隔空表情达意。她爱屋及乌，又为马远之子马麟赋诗互动。

北宋画院时，院画家多佩铜、铁、角、石之类，南宋画院却时常“破例”，画家佩金带，乃史无前例。高宗不仅开创先例，还以赐金带多达十五人而稳居榜首。此外，院画家的升迁速度颇快。刘松年，从淳熙年画学生一跃成为绍熙年待诏，不过数年。由于官家继续推行北宋时期的“推恩令”政策，封寄禄官，为画家提供了升迁的机会。画家被授官或补官，如李唐授“成忠郎”、萧照补“迪功郎”、马世荣授“承务郎”等。从伎术官摇身一变成散官，画家有了双重身份，虽多无实权，却也摆脱了当时工匠低人一等的地位，算是扬眉吐气。马和之官至工部侍郎，刘宗古提举车辂院，从工匠到官员的身份跨越，即便官位不高，也足以激发院画家创作的积极性。因而绘画被很多人乐而为之，甚至出现了绘画世家。

皇家的诸多破格举措为院画家提供种种令人羡慕的待遇，也大大提高了院画家的知名度。画家们也以实际行动回馈宫廷。院内人才辈出，青出于蓝，新的绘画理念、绘画风格更是层出不穷，使画院凭实力掌握画坛“主导权”，超越了前朝文人画的群体优势。

然而，尽管身份、地位大大提高，院画家的收入涨幅与物价涨幅之比与之前不可同日而语。绍兴三年(1133)五月，高宗也曾坦言:“今饮食衣帛之直，比宣和不啻三倍”

个别院画家凭画技赢得官家青睐，历代官家赐金帛作为奖励。对多数院画家而言，仅靠俸禄，有如杯水车薪。

官家心系民间，关注社会的稳定和动态，因而，院画家与市井的关联逐渐加深，往往通过民间“兼职”增加收入来源，这也在一定程度上影响了院画家的创作，风俗画创作大幅度增加，院画家被冠以市井绰号。“马一角”（马远）、“夏半边”（夏圭）、“暗门刘”（刘松年）、“石桥王”（王宗元）、“左手王”（王辉）……院画家们的“江湖”称号五花八门，无不透露出院画家们与民间的密切关系。

## “时代性”和“地域性”下的画院创作

绍兴八年（1138），南宋正式定都临安，“生齿日富，湖山表里，点饰浸繁，离宫别墅，梵宇仙居，舞榭歌楼，彤碧辉列，丰媚极矣”[①]。

临安独特的地域风光，给画家的创作提供了无尽的素材和灵感。西湖始终是临安一张最出彩的“名片”。既有风景名胜，亭台楼榭，又有优游众生，如此西湖景象，院画家又怎会缺席？于是，西湖之美不仅由自然入得诗歌，也在画家笔下日渐生动丰满。

“欲把西湖比西子，淡妆浓抹总相宜。”一首《饮湖上初晴后雨》，将西湖之美描述得极其动人。马远品味苏轼的诗，激起重游西湖的兴致。清晨，他与三两好友泛舟西子湖畔。它的曼妙多姿，令人心旌摇荡。于是，西湖十景图绘孕育而生。

作为两朝画家，马远一生见证了西湖的美，他笔下的西湖画卷从南宋开启了明媚动人的艺术生命。一片清溪远山，烟波荡漾，碎月摇花，平湖沙鸟，寺观园林，悉数落于丝绢笺素，令人意犹未尽。

①〔明〕田汝成：《西湖游览志》。

《溪山楼阁图》《春山仙隐图》《春亭对弈图》等图，是西湖亭台别墅的剪影，优游闲雅的士族生活被穿插记录其中。风花雪月、湖光山色，一览无余。《西湖柳艇图》《湖畔幽居图》《湖山春晓图》等，是西湖湖景的胜场；《山径春行图》《梅石溪凫图》等，则集中代表了西湖山图；西湖花图以梅花和荷花为主，《暗香疏影图》《观梅图》，梅花神韵俱存，《疏荷沙鸟图》《荷亭消夏图》《芙蓉水鸟图》，荷花风韵绰约，令人心旌摇曳。

西湖，杭谚以"销金窝儿"号之。它浓缩了临安典型的生活场域，集中表现了宋室纸醉金迷的快乐，但在

〔宋〕佚名《疏荷沙鸟图》

〔宋〕李唐《采薇图》（局部）

夜夜笙歌、流连欢游中，又暗藏不尽的亡国之痛。

南宋偏安一隅，半壁江山的历史情境，让爱国情怀从个人的言行举止渗入画中，因国破家亡之耻而内含隐喻之意。南宋画院的创作从图真、叙事的客观功能向自我抒情、写意的主观共情转变。《采薇图》《风雪运粮图》等图暗含借古喻今、委婉进谏之意，让观者体会到画师的家国情怀，领悟其“画以载道”的责任和担当，窥见帝王及画师的政治愿景。

今夜注定不平凡，雷电交加，闪电在漆黑夜色中划开几道白色的伤口，雨珠瞬间哗啦啦地流下，无情拍打着屋顶，顺势为屋檐挂上一道雨帘。花枝被雨水打得乱颤，抬不起头，娇嫩的花叶零落一地。

马远站在家门前，望着瓢泼大雨，不禁忆起官家所言：“恢复岂非美事，但不量力尔。”[1]开禧北伐战败，令宋

①〔元〕脱脱等：《宋史·奸臣传》。

人不得不承认宋室在金戈铁马前简直不堪一击，遑论恢复江山！

绍兴三十二年（1162），宋孝宗（赵昚）即位后，试图逆转败势。他迫切希望收复失地，实现完璧江山。他雷厉风行地将大志付诸实践，同年七月，召主战派老将张浚入朝，共商复国大计，之后有意重用提拔主战派。后又为岳飞沉冤昭雪，追复原职，并赦免其被流放的家人。种种动作，皆是宋孝宗为北伐做积极准备。他励精图治，整顿吏治，减少冗官冗费，开创了“乾淳之治”。

宋室半壁江山岌岌可危，内忧外患下，在连绵战火中，刺探军情成为必要举措。画家服从统治者意志，在时局动荡中登上政治舞台。其中，“谍画”与政治挂钩，成为刺探敌情的有效途径。与北宋相比，谍画数量空前增长。谍画是画院中一种特别的存在。孝宗屡次暗派画家参与政治活动，任画家赵伯骕为和州防御使，派遣他出使金国，实则担当间谍探察敌国情况，利用山水人物作谍画。

谍画里的人物逐渐让位于山水，山水成为画中重头戏，采用全景式构图，以便了解敌军地势。此类画作多呈现出景深、精微的特点。如《峻岭溪桥图》成为行军路线图，被孝宗用于统筹规划。

虽然孝宗苦心孤诣，北伐却以失败告终。宁宗朝时，开禧北伐准备不足，嘉泰年间（1201—1204）《柳塘牧马图》《云关雪栈图》等真实再现金兵军事地理状况的作品也未受到重视，宋军不了解敌情便贸然开战，又走漏风声，让金兵提前有所准备。画院待诏陈居中所作《文姬归汉图》《鞑靼狩猎图》等谍画在心有余而力不足的宋室中无用武之地。

〔宋〕陈居中《柳塘牧马图》

## 画院“隐身术”：从传奇变透明，画院到底经历了什么

李唐、刘松年、马远、夏圭并称“南宋四大家”，是画院的专属“名片”，打响了画院声望的第一炮。“一角山水”“简笔”“减笔泼墨”等创造，烙刻着难以磨灭的时代印记。当时所有被称作“上品”“绝品”的作品，几乎都与画院有关。

画院是院画家成长的摇篮，提及院画家，自然唤醒了人们对南宋画院的记忆。显然，画院在某种意义上被贴上了“驰名商标”的标签。然而纵观南宋一百五十余年的历史，关于画家的记载硕果累累。从《洞天清录》到《云烟过眼录》，从《临安三志》到《梦粱录》，院画家册上有名，记载细到籍贯、生平、画风等。令人不解的是，似乎在南宋人心目中，不论画家的光环如何耀眼，作为官方建立，具有“合法性”及“合理性”的画院却如同昙花一现，被世人“遗忘”。仅《西湖老人繁胜录》等屈指可数的著作提及“画院”一词，且多只字片语。画院似被施了“隐身术”般，消失在时代的喧嚣中。

南宋文人学者赵升在其著作《朝野类要》自序中一针见血地道出了个中隐秘：“惟其宫禁内职，不复纪录，非曰缺文，实不敢也，观者当察焉。”这是他对读者的交代，也是对后人间接发出呐喊：画院被遗忘实乃刻意为之！

端平三年（1236），赵升携书行至北棚，棚内书肆林立，墨香阵阵，文人书生聚集。对比三家后，他走入一家主印经史子集的书肆，将书递给书肆主人。

书肆主人一手接过书，定睛一看，书名为《朝野类要》。他右手捏着书页一角，从目录开始翻阅，偶尔发出细碎的“沙沙”声。赵升探头，小声询问道：“自序中此言是否允妥？”见对方认真研读，他浑身血液沸腾乱窜，瞬间顶到嗓子眼，然而对方并未说甚，这让他瞬间松了口气。良久，书肆主人合书，对此书已有初步印象：全书约两万字，以类相从，为征引当朝故事所写文人笔记，作者详于考证，开卷厘然。赵升见状，忙轻声询问道：“能否雕印？”“自然。”书肆主人欣然应允。

三个月后，赵升端坐于书房，手中捧着书肆印刷的《朝野类要》，捏着崭新的书页一角，心中无限感慨：“呕心沥血数年，终将其重新编写成书。至今已刊行入世三月余，虽卖得不温不火，但努力总算没有白费。”

时光倒溯，四年前临安街头一个华灯初上的傍晚，赵升手中攥书，在书房来回踱步，脚步声沉重。他整个人像经霜的茄子，蔫儿似的耷拉着，几声叹气后，又陷入自我怀疑：“唉，当初为写此书日日东奔西顾，查阅大量书籍，难道心血就这般付诸东流了？”百般挣扎后，他终究不愿放弃，暗自琢磨：“要不先将书藏好，待风声过去，再拿出来？”他不等自己迟疑，便蹑手蹑脚地将此书藏于箱底，再铺上层层衣物掩盖。

等赵升再度将此书拿出，已是两三年后，书本残留几处被鼠虫咬噬的痕迹。看着泛黄而残缺不全的书，他懊悔又无力，双腿一软，颓然坐在地上，泪珠“啪嗒”落地、晕开。他翻着书，看到宫禁内职的记载面目全非，忽然心生一计：“既然如此，何不删改？”他的心情像是从谷底又回到山顶，经历了大落大起。

重温往事，赵升仍心有余悸。宝庆年间（1225—1227），实属多事之秋。朝内外局势动荡，主和、主守、主战三派各执己见，纷争不断。文字上一旦稍有不慎，就会被居心叵测之人穿凿附会，招来无妄之灾。《江湖集》中一句“秋雨梧桐皇子府，春风杨柳相公桥”被小人恶意揣度，而刘克庄几年前所作一首《落梅》诗也被有意“起底”，当作“妖言惑众”的铁证。

一本《江湖集》引发“蝴蝶效应”，掀起了一场腥风血雨的“江湖诗案”，刘克庄、陈起等文人书商成为事件中心受害者，最后落得坐牢、贬谪等下场。风声鹤唳、草木皆兵之际，文人学士一致认为一切小心为妙。何况南宋“诗案”发生早已不是新鲜事：高宗朝就有十七件，孝宗朝一件，宁宗朝两件，理宗朝两件。“诗案”如此，诸如此类之“文禁”亦数不胜数，画院也牵涉其中。

《朝野类要》本为旧本，无地位、无钱财、无背景的“三无”文人赵升欲刊刻贩卖，一改出书被士大夫垄断的场面，本就人微书轻，又恰逢流年不利，否则哪愿将书埋没，任其被虫鼠咬噬？赵升倒是因祸得福，他刻意删减与宫廷相关的记载，既避免引火上身，又能完成出书之愿。

鉴于时代特殊性和“文禁”等因素，时人又怎敢贸然去踩画院这个“雷区”？因而，“画院”“画学”等敏感词汇被多数人忌讳，他们或是闪烁其词，或是有意屏蔽，造就了画院如同“隐身”的尴尬局面。这不为人知的背后，蕴藏着画院多少“欲语还休”的辛酸苦楚。

祥兴二年（1279），年仅八岁的官家被左丞相陆秀夫背着在厓山（今属广东）跳海而亡，命运玩笑般地重演着宋室灭国的悲剧。然而，这一次再也没有“翻身”的余地了。花自飘零水自流，宋室灭亡，画院的生命也被迫中道而止，瞬间失去了颜色。而历史的巨浪一次次不可逆地对尘世进行“洗牌”，在乱世中沉浮的南宋画院，最终失去全貌，难以复原。

数百年以后，画院那被时光蒙尘的面纱被渐渐拨开，厚重而又崭新的气息拂面而来。

# 第一章

# 一路南下，揭秘李唐的二次成功

## 道听途说的一则惊天消息：一个南渡的契机

靖康元年闰十一月二十五日（1127 年 1 月 9 日），金兵攻破都城东京（今河南开封），举城陷于水深火热之中。

几个月后，金兵正紧锣密鼓地准备撤退。城内百姓却没有“守得云开见月明”的喜悦。金兵在城内烧杀抢掠，无恶不作，几乎进行了一场大扫荡。

覆巢之下，焉有完卵？东京沦陷，河阳三城（今河南孟州）也处在危机四伏之中，时有暗潮涌动。人人自危，再无心消遣。瞧，这瓦舍勾栏中的傀儡戏、学乡谈全都不见了踪影，曾经的盛况好似黄粱一梦。

同年六月，一位身着袍衫的老汉身背行囊穿梭在大街小巷，正朝某个偏僻处奔去。

这老汉乃前朝院画家李唐。金兵入侵时，画家似鸟兽四散，李唐侥幸逃回老家三城（今河南孟州），因而躲过一劫。他在家干起了拿手活——街头卖画，过了个把月安稳日子后，惊闻东京巨变。痛定思痛，他毅然收拾行囊准备离开。

路过瓦舍拐角处，几位白衫文人步履匆匆，边走边商讨。一文人道："我有话要讲。"其余诸人不约而同质疑："何事比此刻逃命要紧？""自然是性命攸关。听说康王（赵构）在应天府即位，为躲避金兵追杀，正一路南下。"

李唐同其顺路，只听个大概，深吸一口气，怀疑自己幻听，快步赶上前确认。那男子先是一愣，继而一字一句，字正腔圆地说道："是啊，有人从金兵口中偷听到康王即位的消息。我也是道听途说，不知真假，因此不敢贸然行动，便同友人分享，集思广益辨明真伪。"

思及康王生平，李唐对消息真实性有了七八成把握，吐出腹中郁积的一口浊气，说道："此消息可信度高，诸位可知康王未及弱冠，竟主动请缨前往金国当人质，此等魄力，非常人可比，尔等何不伺机南下为康王效力？"李唐言辞凿凿，真挚而慷慨激昂，让文人们纷纷信服。

没想到一个王朝在走向落日之际，又在夹缝中新生，而一则小道消息给李唐重新带来希望。然而局势尚未明朗，李唐只能先赶往太行山避难。

## 太行山上收强盗为徒

太行山一带，山林耸峙，地势险峻复杂，易守难攻，是天然屏障。李唐赶了十来天路，这会儿弓着腰，扶着树缓缓坐下。他抬起衣襟拭去额间细汗，不禁苦笑："'北上太行山，艰哉何巍巍！羊肠坂诘屈，车轮为之摧。'我这遭倒是领会一二了。"

歇脚一会，听见窸窣脚步声，李唐起身踉跄几步，忙不迭跑起来。不久，他被一群强盗团团包围。

一个面上带刀疤的强盗嗤笑："好几天没油水，今日终于逮着一个，不想是个老汉。且让我给他点颜色瞧瞧。"他说着，便扛着朴刀，大摇大摆地朝李唐走去。只见这强盗将刀架在李唐颈间，随即怒喝道："快把行囊递给我！"李唐自是识时务之人，赶紧把包裹递了过去。

一时间，众强盗如豺狼虎豹，眼睛直勾勾地盯着猎物，眼中闪着贪婪的光。但他们打开行囊时却发现并无金银珠宝。"竟是个穷光蛋！"众人大失所望地怒骂。架着刀的强盗不死心，凶神恶煞般吼道："你这老汉，狡猾得紧。快说，钱财藏哪了？否则，休怪我刀下无情！"李唐叫苦不迭，暗叹命不久矣。

眼看刀子就要挥过来，一旁的强盗头子急急喝止："住手，快把刀放下。"然后柔和地问道："我看丈人行囊中多为纸笔和颜料，不似寻常人家携带细软家财，想必亦是有雅趣之人。请问丈人尊姓大名？"李唐见状，不敢隐瞒："老朽李唐。"闻言，强盗头子突然俯身作揖，众强盗面面相觑，只听得他恭敬道："晚辈萧照，久仰先生大名。有眼不识泰山，方才冒昧冲撞了先生，万望宽恕。"

"这萧照，虽为盗贼，可对我尊敬有加，方才若不是他，我早已命丧黄泉。"李唐暗自庆幸，还未吭声，便听萧照补充道："我本是濩泽（今山西阳城）人士，略懂功夫，自小对书画情有独钟，先前在东京街头鬻画。本想安稳过一生，谁料金兵南下，杀烧掳掠，无恶不作。家不成家，国不成国，悲愤之下投入抗金义军，却因故落草为寇。我志不在此，恳请先生收我为徒。"

听完萧照遭遇，李唐内心动摇，摸着胡子叹道："你救我一命，且有资质，收徒之事妥当，可惜我即将去远方，恐怕无能为力。""冒昧问一下，先生您要去哪？"萧照见有点机会，追问道。"南方。我要追随康王，继续为大宋效力。"李唐声音激越，眼中满是对南方的向往。"我愿意追随先生，万一路上遇险，好歹有个帮衬。"萧照话语恳切。

见萧照一言一行透露出真挚和迫切，李唐欣然应允，真心收他为徒。待遣散众人后，萧照便与李唐一同动身前往南方。

## 市井中的南北碰撞

时已初夏，巳时的阳光斜照，一阵风吹来，顺势吹淡了守城士卒额头沁出的一层薄汗。戍守在城门左侧的那个士卒站姿挺拔，沉稳的目光如往日般穿梭于人山人海。

他分辨往来形形色色之人，目光未曾逗留。然而，眼前二人却让他神情一怔：一老一青身着粗布旧衣，伫立于城门外约半刻钟，任往来行人纷纷，川流不息。士卒不自觉地从头至尾打量一番：二人神情似悲喜交加。老者身形瘦削，目光矍铄，青年高大挺拔。倏地，老者挪动脚步，一脸庄重地穿过城门，眼含泪花，嘴唇抖动，断断续续地说："临安，我们终于到临安了啊！"

二人正是从太行山一路南下的李唐和萧照。他们脚踩京城大地，眼望烟雨山川，耳听鼎沸人声，感受到一丝久违的安定。

以李唐之资质和才情，在临安画院必能占据一席。

然画院尚未建立，李唐以为“用之则行，不用则藏”，自此隐于市集之中。

“东南第一州”百闻不如一见。李唐即使见惯了东京盛景，又在一路南下中不断开阔眼界，但还是被这里的声色繁华所惊艳。柳永笔下的“市列珠玑，户盈罗绮，竞豪奢。重湖叠巘清嘉，有三秋桂子，十里荷花。羌管弄晴，菱歌泛夜，嬉嬉钓叟莲娃”，果非虚言。

翌日，师徒二人欣赏了自然风景，领略了人文风情，大饱眼福后已是酉时。二人匆匆向邻居打听夜市地点，便动身前往摆摊。

李唐支好摊子，主动与身侧卖胭脂水粉的小贩闲聊：“这么早就来摆摊了？”“我已经在这儿摆了一整天呢，丈人是刚来吧，还不熟悉行情，这里早、晚市都十分热闹呢。”攀谈间，夜幕悄然降临，原本只有三三两两的人，一下子变得熙熙攘攘。此时，街头几处挂着的两三百个琉璃壶，闪烁着赤、青、白的颜色，将夜色照得通明。正是“夜市三更，灿烂楼台之灯火；春风万井，喧阗帘幕之笙歌”。

伴随商贩们卖力的揽客声、游人们的谈笑声，临安的“夜生活”开始了！

李唐一旁卖胭脂水粉的小贩嘴巴像抹了蜜似的：“小娘子，最近新入一批上好胭脂，色泽鲜艳，您搽上，保准儿美若桃花喏。”熟稔而甜津津的话直戳娘子们的心窝，不一会儿，本就不大的摊子前就挤满了人。“这个给我拿来瞧瞧。”“我要那个。”小贩笑嘻嘻地一一给娘子们递去。这时，一位执扇官人在李唐的小摊边逗留，手中拿着字画，眼神却不自觉地飘忽到隔壁。须臾，李唐讪笑："官人，这是我今儿个刚画的，您瞧瞧？"官人闻言，掩扇轻咳一声，收回徘徊的目光，正经地观摩起画作。只见他翻来翻去，嘴角微抿，之后，便悻悻离开。

未几，几位身着儒生服的文人顺着人流来到李唐摊前，看过几幅画，又是皱眉，又是摇头，最终买走几帖书法。李唐终于拿下第一单，心中却不是滋味。直至收摊前，方有文人买走两幅画。

接连几日，尽管李唐辛苦地赶着早市、晚市，卖出的画却是少得可怜。昔日画院首席，如今画作却无人问津，李唐不禁自我怀疑起来。他正百般不解之时，身旁卖胭脂的小贩好心提醒："我不懂画，但摆摊多年，我觉得丈人这画太庄严，看得人眩晕。倒不如学旁人多画些牡丹，生意定不会这般惨淡。"李唐闻言，对画作被冷落的原因恍然大悟。

在这山清水秀的江南，李唐描绘的北方的"硬核风"画作滞销，既出人意料，又在情理之中。南方人并不习惯欣赏画中传递出的崇高、严肃感，而面对烟雨迷蒙、婉约秀丽的江南风光，李唐一样无所适从。

夜半三更，小巷里静悄悄的，黑暗中唯有一抹微光跳动着。灯光将一个佝偻的身影隐隐打向墙面，影子旁一个笔影蓦地动了起来。不一会儿，油灯被吹灭，一阵窸窣的声响过后，重归寂静。

翌日，天蒙蒙亮，萧照忙着收拾摆摊所用书画，瞥见桌上有一幅字，上面是一首诗："云里烟村雨里滩，看之如易作之难。早知不入时人眼，多买胭脂画牡丹。"文字线条浓重有力，诗中情感却怨而不怒，真挚动人，看得萧照内心涩涩的，像是被什么蜇了一下。

## 一夜间身价陡涨

《梦粱录》记载了南宋文人的“四艺”：“烧香点茶，挂画插花。四般闲事，不宜累家。”这“四艺”生动体现了他们生活中的雅趣。

当时，从宫廷到民间，崇尚绘画、热衷收藏、善于鉴赏的人众多，这些意趣从生活走进画里，又从画里生出意境。这样一个风雅的朝代，给了李唐再获荣宠的机会。

一日，将领邵宏渊身着便服在热闹的街头游玩，偶然逗留于李唐摊子前。他瞥见一幅随意铺陈的画作，浓眉紧锁。一旁的小贩是位妇人，是个人精儿，心中暗想：“我与这丈人打过交道，此前他一连三天只卖出几幅画，今天这桩生意怕是又黄了。跟前这位官人气度不凡，身后又有侍从相随，八九不离十是个达官显贵。”

许是同情心使然，妇人正犹豫是否要插嘴帮衬，却见官人神情凝重，小心翼翼地捧起画，反复观摩，像在确认什么似的。妇人刚到嘴边的话又咽下了肚子，一脸纳闷时，听见急促的声音响起：“丈人，此画从何得来？”“咳，咳咳。官人，这是老朽前些天所画。”李唐不慌不忙地作揖道。邵宏渊忙向前一步，扶着李唐，激动道：“李待诏，真是你！我没曾想你竟在临安。”“官人抬举，我如今只是一介草民。”李唐不卑不亢地答道。邵宏渊万万没想到李唐流落临安街头，又见其脸容消瘦，略显落魄，心中百感交集，当下买走几幅画作。

翌日，夕阳西下时分，师徒二人照常收摊回家，在转角一侧看见原本安静的小巷被围得水泄不通，一个个探着脑袋四处张望。考虑到李唐年事已高，萧照便主动挤进人群中打探消息。好不容易挤进去一些，萧照向旁人问道："发生了什么事，为啥这样人挤人的？""我也不晓得，凑热闹罢了。"知情者朗声道："官人在等人呢！听说原先在东京任画院待诏，官家让他官复原职哩。""没想到这小巷之中也有卧虎藏龙之辈。"一旁围观群众随声附和。闻言，萧照面上一喜，兴冲冲地挤出人群，立马告知李唐。

李唐眼中流露出一丝意外，随即了然。回到家门，李唐颤抖地接过圣旨，起身时目光四处追寻，果然瞧见了昨日一面之缘的邵宏渊。只见他笑脸盈盈："这不，我以后还得叫您李待诏呢！"须发皆白的李唐冲他颔首一笑。



自此，李唐重启了人生的高光时刻，官家常给其画作题跋并给予赞扬。李唐的画价也一路水涨船高，这是后话了。

## 首席画家的家国情怀

绍兴年间，从北方南迁至临安的人急剧增多，许多北方食店也在临安重获新生。

一天，李唐走进一家名叫李七儿的羊肉食店。这家店生意十分火爆，每天客流量数以百计，坊间流传着"吃羊肉就上李七儿"的好口碑。

店内洋溢着熟悉的羊肉味，勾起李唐舌尖的宋味，他拔高粗嘎的声线，喊道："店家，来一盘羊肉。"他品尝一口，羊肉鲜嫩肥美。"先生，有空位否？"一位文人问道。"嗯。"李唐点头。"我常来这吃哩，看您眼生得很。""我第一次来。""哈哈，听您口音，这回有口福咯？"

一来一回间，两人打开话匣子。从羊肉谈到东京，从东京谈到临安，相谈甚欢。

“都说‘人人尽说江南好，游人只合江南老。春水碧于天，画船听雨眠’。江南之美令人流连忘返。”话音一落，流寓他乡的李唐不禁感慨起来。他承认临安赋予大宋延绵的根基，让颠沛流离的百姓重新过上安定的生活。临安美则美矣，可如今东京又是什么景象？物转星移，靖康之变的耻辱，大好河山的破裂，偏安一隅的心态，让李唐“停杯投箸不能食”。文人见李唐放下筷子，问道：“先生，怎么……”思绪被拉回，李唐沉声道：“无事。”心下却迷茫：何时才能“长风破浪会有时，直挂云帆济沧海”？

被金人掠走的一切何时才能收复？怎奈他只是一名画师，既不能驰骋沙场，金戈铁马，又不能僭越身份，贸然进谏。从食店回来后，李唐便闭门不出。进退不得之下，李唐在香几上点燃一炷香。小铜炉内一缕幽香袅娜，逐渐抚平李唐心中的烦乱。静坐两刻钟，李唐忽觉醍醐灌顶，伏案若干天后，长吁一口气，急忙将完成的作品呈献给官家。

宋高宗是位衷情书画且有艺术细胞的皇帝，听闻李唐画作完成，欣然打开。但他的表情逐渐变得凝重，手轻抚着画卷，深深地沉浸于画中世界，眼前却一一浮现出昔日被金兵追杀、被人背叛、临安定都等这一段跌宕起伏的辛酸历程。高宗背过身去，手依旧在颤抖，帝王所有隐秘且被压抑的情感伴随着泪水的流淌再也抑制不住。许久，待心情平复，他在每幅画上一字一句郑重地题上《左传》的内容。

引发官家强烈共鸣的画名为《晋文公复国图》，共分为六个部分，采用连环画的形式。此图描绘了春秋时期晋献公的儿子重耳（晋文公）避难出逃，最终复国的系列故事。

这是李唐借画说今的一种尝试。可惜他最后未能见到宋室收复北方，抱憾而终。

## 临安“一变”——山水画里的“李家天下”

初来乍到，李唐为生计奔波，创作频繁。一直追求“外师造化，中得心源”的艺术造诣，加之多年宫廷职业画师的素养，李唐“自带”对自然山水的敏感：南渡路上的风景在路线的拉长中一变再变，直至太行山的一面铁壁在江南烟雨迷蒙、浑然一体的山水中杳无踪迹。

生活是创作的源泉。作为一名山水画家，重回画院后，李唐正视临安的一方山水。然而，改变谈何容易，那“复古风”画家李唐究竟如何成为南宋画院的“弄潮儿”呢？

〔宋〕李唐《晋文公复国图》（局部）

为了画出临安山水，李唐时不时带上粉奁画笔外出采风，一出门就是好几天。他穿过碧瓦青墙的院落，看过袅娜少女，驻足于一片绿水青山。李唐不轻易动笔，兴之所至，唯有笔墨纵横。一幅又一幅，从《江山小景图》到《清溪渔隐图》《采薇图》等，最终实现“胸中有丘壑，眼里存山河”的自在。

《清溪渔隐图》是李唐妙笔生花，将临安山水意与境相统一，也成为其开宗立派的代表作之一。画面呈现了钱江一带雨后村落的景色，是江南典型的小桥流水人家。较北宋时创作的《万壑松风图》不同，《清溪渔隐图》舍弃“上留天，下留地”的全景式构图，采用“上不留天，下不留地”的布局，从边角之景中另辟天地。此章法改变了一览无余的直白，以有限画面让观者在心中延伸出无限的想象空间。两者存在全景与特写的差异，且《清溪渔隐图》的空间排布自左往右舒展，由近景到中景再到远景依次过渡，趋向平远开阔。

在创作中，李唐一度苦恼如何将烟雨过后，临安村落中迷蒙、潮湿的气息恰到好处地予以传达。几番尝试后，李唐以淡墨画树干，以浓墨画树叶，一改精雕细琢的勾勒，笔墨大胆自由，粗放处采用“大斧劈”甚至是大笔侧扫。将大笔蘸墨，一扫而过，略加修饰。树叶杂乱，树干倾斜，将风雨后的村庄酣畅淋漓地表现出来。画水抛弃了《万壑松风图》的空间排布中装饰性的鱼鳞纹，而将线条随水势勾出，颇具回旋、动荡的美感，显得灵动生气。画中大片的水和沙岸被简约化、随意化，整幅画虚实相生，景物突破原来的纯粹观赏性，延伸出一种独特的韵味。而这种韵味与人物、境界、情感水乳交融，相得益彰。

饱经人间沧桑后，李唐在欣赏山水时，也寄情山水。画作不局限于单纯表现景物的美感，不以绚丽为旨，从

〔宋〕李唐《万壑松风图》

〔宋〕李唐《清溪渔隐图》

写实偏向写意，更追求内心的一种境界，寻求“豪华落尽见真淳”。《清溪渔隐图》含蓄地传递出李唐对临安山水的钟情，是李唐对临安山水细心观察并体味的产物。

《清溪渔隐图》中感情的传达值得细细品味，而李唐的另一代表作《采薇图》则清晰又复杂。尤其是画中的景物不再是默默无名的“配角”，无论是大面积的占幅，还是山水传达的精神，都使得山水十分“出彩”。它成为突出主题、烘托气氛、深化意境的一部分，使人物气韵生动。

李唐不曾料到，给自己带来过苦恼的临安山水，多年后却成为他临安“一变”中的关键。试问又有多少人能猜到，当初临安集市上一个守着“冷门”摊位的老人家的“冷门”作品，竟开创了南宋院体画的风格，并于

不久的未来为南宋画院众画师所争相摹仿，而且他的作品竟多为江南，尤其是浙江本地人收藏。人生的戏剧性莫过于此！

# 第二章

# 强盗入画院，逆袭之路一波三折

## 画艺进阶手册

话说李唐师徒二人长路迢迢，一路风餐露宿，几经波折，最终在临安一小巷内落脚。

寻到住处时，师徒俩已大汗淋漓，他们放下行囊，便在屋内稍作整顿。萧照给李唐递了碗凉水，便不停歇地在一旁忙活。一大碗凉水下肚，李唐顿觉凉意流窜，畅快至极，思绪像插上翅膀，瞬间飞远。

“亡国恨，破家仇”六字如千斤重担压在心头，也让二人殊途同归，惺惺相惜。

从强盗手下脱险后，李唐便同萧照马不停蹄地踏上南渡行程。千山万水，颠沛流离，一路上不顺遂之事十有八九，但所幸处处有萧照顾着，省去了诸多零碎繁琐。

李唐思量的目光游移，定格在萧照身上。萧照二十出头，为人处世颇有分寸，待人接物恭敬得体，这般年纪甚是难得。在南渡的苦日子里，摆摊、收摊、负行囊等重活累活，他主动承担，毫无怨言。李唐鼻头泛酸：

萧照正值青年，跟着他后迫于生计，总是饥一顿，饱一顿，还得超负荷承担工作。而自己曾许诺为他授课，却因辗转奔波，时间一减再减。

往事历历浮现，感激和愧疚之情油然而生，李唐长吁一口气，暗暗盘算：待安顿结束，必定好好教他。

夜半，李唐躺在床上辗转反侧，委实难以再次入眠，他索性掀开被子，肩披外衣，秉烛朝书房走去。见书房内有微弱的烛光跳跃，李唐好奇地探头，发现此时萧照正伏案，专心致志地创作。见状，他不忍打扰，扶着房门一侧暗中观察，心中泛起一丝波澜。须臾，他见萧照搁笔挠耳，眉间微皱，露出一丝苦恼神色。李唐径直上前，关心道："出甚问题了，给我瞧瞧？"萧照闻言一惊，忙将作品双手递给老师。李唐接过一看，指点一二。闻言，萧照茅塞顿开，略加思索后，低头擒笔，洁白的纸上晕染着笔墨。

一炷香后，萧照放下笔，欣然道："先生果真厉害！一眼指出症结所在。"李唐不语，轻轻地退出房门，满意地点点头。这徒弟悟性较高，一点就通，踏实勤勉，将来必成大器。

古人云，师傅领进门，修行靠个人。南渡时，萧照体谅李唐舟车劳顿，不愿叨扰良多，因而更多从李唐的画作，前人的画作，以及沿途的风景中汲取养分。他临摹过无数作品，揣摩其中画风、画技，同时也见过无数风景，感悟其中的风格、特色。

在临安深巷，萧照正式开启了他的学画生涯。李唐悉心传授他画理、画艺、画技，萧照则丝毫不敢懈怠，他临池不辍，见过三更灯火，听过五更鸡鸣，嗅过累月墨香，凭借不懈的努力，加上师傅的点拨，画艺大进。转移了无数个地点，使用过无数张桌案，画作一件件出来，每一次出新作，萧照都会呈给李唐看。李唐都会一边看一边摸着胡子，颔首微笑。

## “走后门”的强盗遭遇瓶颈

临安亭园林立，名胜众多。其中，有座画院貌不惊人，在楼阁犹如瀚海星辰般的临安，似新星冉冉升起，承载着重振北宋画院辉煌的希冀，点亮画师们的梦想。

画院，是众多画师心中神圣的殿堂。一次偶然的相遇，让李唐重新进入画院，而萧照的生活一成不变，他每日苦练画技，心心念念地也想进入画院。

绍兴中春季孟月，适值画院画事繁多，人才紧缺，高宗爱才，耳闻建炎年间（1127—1130）李唐收有一嫡传弟子，已得数年传授。他借机问道：“想必先生近日也得知画院欲招揽数名画师，可否引荐几位？”李唐顺势向官家推荐了萧照。

以李唐身份的加持和助攻，萧照进画院自然是板上钉钉之事。

哪知萧照先前落草为寇的消息走漏风声，被人恶意曲解。一时间，背后有无数人在那指指点点。有人直言：“若无李待诏举荐，萧照怎会这般轻易进入画院？”有人嬉笑道：“何况沦为强盗谋生！难道画院门槛真如此低？”推波助澜地起哄，助长不满的火焰。

众人不知背后真相，误以为萧照享受师傅光环下的“福利”，本身实力并不强劲。因而，他被别人传“走后门”。

萧照闻言，表面平静，实则心有不甘，作为御前画师唯一的嫡传弟子，萧照得李唐倾囊相授。他努力学习画理，同时对《说文》《尔雅》等书皆有涉猎，提升自身文化涵养。除此，李唐还注重萧照的德行培养，以北宋画院的标准严格要求萧照，使其发展为一名德艺双馨的全才。为何别人只眼红他的“背景”，却将他的一切努力轻易抹杀！

等李唐归来，他试图证明自己，迫切地向李唐说道：“先生，您将我这幅画呈给官家，若官家满意，我就进画院。”李唐对萧照的实力心知肚明，不多言，立即递给官家。许是求胜心切而发挥失常，官家对萧照的画作反应平平，进画院之事不了了之。

首战告败，萧照错失良机，他有些挫败地垂头，但仍不服输地暗自琢磨失误在何处。见萧照盯着画纸良久，李唐语重心长地说道：“为师心知你的心性和实力，此番受挫，与外界干扰不无关系。年轻人心性尚未成熟，难免有些冲动。相信经过时间的积累与沉淀，是金子总会发光的，届时方可名正言顺地堵住悠悠众口。这是我给你上的最后一堂品德课，希望你真正有所领悟，吸取教训，回归初心。”萧照闻言，脸一阵红，一阵白。

他躁动的心平静下来，默默地坚持绘画，注重提升内在。他始终坚信，因为热爱，一切付出都将化为“值得”二字。

三年后，别人眼里的“关系户”萧照凭实力进入画院，后来成为首席待诏，让质疑者被“打脸”。久而久之，“强盗”之说不仅没有消失，反而成为民间多数人口中一段美谈。

## 成功可以复制吗

恰是一年东风起，吹来人间四月天。胜日芳菲，暖风熏得游人醉。烟村雨滩，水墨江南，以独有的气质由内而外逐渐融入李唐笔下的世界。

当李唐处于创作蜕变期时，萧照也顺利地跨过画院的门槛，成为其中的一员。萧照走进画院，嗅着步步墨香。可还来不及欣喜，他就认识到了现实：画院人才济济，个个出类拔萃，要想脱颖而出，实属不易，唯有努力创作才能引起官家的注意。于是乎，萧照提笔，继续学习李唐画风，又从不同的创作中汲取养分，埋首创作，在不断尝试中提升自我。

绍兴中，他信心满满地将新作呈给官家，高宗接过画卷，看至近二分之一时，不禁咋舌，画面陡然转折，衍生出截然不同的感受。他消化心中诧异，不禁感慨道："怪，又不怪；像，又不太像。相较之下，又别有一番风味哩。"

这幅画名为《山腰楼观图》，为绢本水墨，一座巍峨高山矗立，气势磅礴；山间嶙峋峭壁，树木苍健繁芜；山中泠泠清泉，飞泻而下；夹有小路纵横，曲径通幽；远山处几座楼阁，半隐半现；山岩平路中一对旅人，相谈甚欢。山下是坡岸一角，扁舟停泊。澄江如练，回环曲折；远山远景，苍茫迷蒙。

山峦高大雄壮，汀渚平远开阔，氤氲的远景，拉伸了画面的纵深感。

画中左侧浓墨重笔，细节生动，"重"而"严谨"，以写实为主。右侧轻描淡写，渲染偏多，"清"而"淡

〔宋〕萧照《山腰楼观图》

雅”，以写意为骨。一张一弛间，既有北国风光的雄厚，又有江南水乡的清润，矛盾的张力，带来视觉上的冲击。

高宗看似随意，却一针见血地指出萧照的画风特点。追根溯源，这种强烈的反差，皆源于李唐。画风形成并非一蹴而就，须接受潜移默化的影响，非深得李唐真传者无力为之。

画面左侧与李唐《万壑松风图》风格酷似：画山时，下笔沉重，线条浑厚刚硬，勾勒出方直的轮廓，完美融合刮刀皴、小斧劈皴等皴法，下笔反复皴擦、砍斫、渲染，使得山石结构坚硬而棱角分明；画树时，以浓墨勾叶，色泽浓重，层层环扣，与山石相融。如若在绢本上傅色，几与李唐难辨你我。右侧布局疏朗，氤氲清雅，淡笔渲染。

将烟岚的虚无与其他景色统一在一个画面里，形成反差，正是萧照匠心独运之处。

萧照师承李唐，却不是一味模仿。枝脉横生，才是他的风格所在。异于李唐之以笔法繁简、墨色强烈对比“实里有虚”，萧照则以留白和绘烟岚气雾之迷蒙景象来传达“虚中有实”。

纵观这幅画，画面比例严重失调，左重右轻，不无脱节之嫌。在临安多年，萧照对临安山水的亲密和对李唐的熟知，让他以敏锐的触角发觉李唐的画风已悄然改变。于是，萧照紧跟李唐脚步，将原本居于中心位的大山推向一侧，顿时，与李唐的《万壑松风图》有所区别，而左上方一撮留白，更是独具一格。

## 团扇里的缤纷秋意

秋日午后，一间茶肆，室内装潢雅致，入门处，挂着一幅名人画作，装点门面之余平添几分古色古香。往里走数步，花架摆列于地，架上插着四时鲜花，摆放着奇松异桧，自然气息迎面而来，令人心弦放松。屏风掩处，座无虚席，茶几上热气升腾，茶香四溢。饮一杯清茶，谈几句茶话，足以在秋意中享受一下午的慵懒缠绵。

大堂左侧坐着数名文人，他们兴致高昂，以茶为题，酬唱和诗。隔几步远，官人们正如火如荼地斗茶，喝彩声时不时掩盖琴瑟丝竹的悠扬声。

在繁花盛树遮掩之处，数位士大夫正谈天说地，其中一位绿色襕衫士大夫沏了杯茶，抿一口，将茶杯搁在茶具上，闲聊道："近日，北方流民纷纷南渡，迁居于此，临安人口如今逼近百万呐。"有位士大夫一身褐衣，从容接过话题："甚是，此事利弊相依，不过，前朝遗老重返朝野，为我朝所用，幸甚矣哉！"一士大夫身着道衣，说道："此言差矣，如今画院招拢了诸多南渡画师，有些画师怕是……"

"茶快凉了，先喝茶。"一人持扇遮掩，急急地插话进来，其余诸人见其眼神左右示意，随即了然，四下探看。"怕甚，我不过照实以说，萧照、李唐诸流，盛名之下，其实难副。写形描状略无精神，此乃吾辈贱者之事，皆不屑为之。"那位身着道衣的士大夫直率道，他正襟危坐，一脸坦然无畏。"萧照乃杂流之辈，且落草为寇。焉有其一席之地？"有人轻声附和，神情间流露一丝鄙夷。

沉默在空气中流转，却在无声中给予了肯定。尔后，起初挑话题之人，插科打诨几句，转移了话题。

不知风言风语如何传入官家耳中，他双手背置，一笑而过："李、萧二人，皆胸中有丘壑。他们既留前代之底蕴，又行迹半天下，所见、所闻、所画均非常人所及。有人竟以之为贱，亦如燕雀乎？"

"官家，萧待诏呈上一幅新作，请您赏阅。"说曹操，曹操到，高宗闻言，搓了搓手，郑重其事地欣赏。只见画作名为《秋山红树图》，不见《山腰楼观图》的下笔沉重，黑白分明，皴斫坚硬。

整幅画破笔轻灵，将李唐的长钉皴、钉头皴运化得笔致灵动，颇具劲硬荒率之趣。此画以扇面绢为本，设

〔宋〕萧照《秋山红树图》

色清淡，运用边角式构图，远处青山渺渺，首尾可见，山峦延绵陡峭，山腰云烟缥缈，似被一层轻纱遮盖容貌，山脚碎石堆砌，玲珑小巧。一泓秋江，映着红叶烂漫，堪比明媚红妆，渲染秋天的气氛，画出了缠绵与惬意。渔舟轻泛，山路不知归处，树石看似草草而灵动有致。画山石，行云流水，肆意潇洒，画面如诗如画，秋意盎然。应时应景，美不胜收。意境深远，不禁引发诗意的联想："波痕如树树如烟，更是春阴小雨天。"

高宗仿佛笼罩在诗意之中，他爽朗一笑，兀自说道："岂是外行所能明白，哈哈，萧照仍是老样子，只凭实力说话。"

## 四声鼓，四斗酒，四壁画

宋画不是"奢侈品"，而是众人陶冶的"必需品"。除却茶肆酒楼，亦有"画迹"斑斑，诸如大街小巷的画栏、画檐、画屏……甚至还有以画为业的画楼、画馆等。

夏季时分，满城摇曳着扇子，翩跹生辉，轻柔，品类众多。细画绢扇、细色纸扇、异色影花扇……俨然是街市一道亮丽的风景线。扇面以山水、花果、珍禽等意象占幅，画家之笔，在纤手中熠熠生辉，不仅驱除一丝的夏天闷热，还能赏心悦目。

南宋宫廷画师的作品既在殿堂，也流连街头。纵使人间烟火处，亦须觅得几分诗情画意。作画不拘泥于载体，楼阁寺院之壁亦不乏笔墨风流。

在西湖孤山之顶，四面壁画，承载历史的一角。孤山，宛若"蓬莱宫在水中央"。清风微拂，裹挟花木的气息，吹皱一湖碧波。

绍兴年间某个三月，在人间仙境的孤山，一座楼阁在山顶强势落脚，占据了赏西湖的最佳视角。此楼阁名为“凉堂”，乃供帝王游玩之地，于两日前建成。四周栽植梅树数百株，不同的梅花交相掩映，十分壮丽。

未时一刻，宋高宗处理完政务，在宫内踱步，见一枝宫梅袅娜，正如“疏影横斜水清浅，暗香浮动月黄昏”。意欲移步前往萼绿华堂赏梅，蓦地忆起几日前听人禀报孤山凉堂新建。他心下思量：“凉堂近日建成，那里的梅花也正赶趟儿哩。不妨前去观赏，顺道散散心。”便向左右吩咐道：“明早去凉堂看看。”

官家眉宇间夹杂着一丝憧憬，这可愁坏了一旁年轻的中贵人（执事太监）。他脚步惶急，嘴里哀声叹道：“这可如何是好哩，凉堂之内尚未修缮完毕，焉能以素壁迎迓官家？”

事出突然，中贵人找来两人商讨对策。一人提议道：“为官家、宫内绘制壁画乃画院日常职事，我们何不寻待诏于素壁上作壁画？”“如此甚好。”中贵人点头，又忙追问，“可有人选？”另一人答道：“听闻西湖东岸的显应观，原是祭祀磁州崔府君，自萧照与苏汉臣的壁画出现，朝拜的人越发多哩。”中贵人疑惑：“这二人声名在外，可谁更能当此大任？”“依我看，二人虽楼阁寺院的壁画名满京城，然各有所长，单以山水壁画论之，萧照自然略胜一筹。”此话一出，中贵人立即心有定论。

事情迫在眉睫，中贵人丝毫不敢耽搁，急匆匆奔往画院找萧照。他气喘吁吁地将此事告知萧照，言语中十万火急，哪知对方淡淡说了声：“中。临行前，恳请赐上方酒四斗。”中贵人有些急眼，再三提醒后，萧照依旧不紧不慢。中贵人只得按捺住心中急迫，一脸莫名地按吩咐行事。

黄昏时分，一切准备妥当，萧照策马驶出城去，前往孤山。

萧照作壁画，颇有仪式感。约莫过了一刻钟，见萧照仍未提笔，奴仆暗暗着急，不敢催促。萧照却让其温了四斗酒。“咚，咚，咚……”连敲七下，一更天鼓声响起，萧照右手拿起一支粗笔，左手提起一坛酒，豪饮一口，随即大笔泼墨，在素壁上龙飞凤舞。“咚——”二更天鼓声响起，饮第二斗酒，第二堵壁画成，如此者四，天色未明，四堵壁画完成。

青灯永夜，长伴萧照。酒酣耳热之余，他颤悠悠地将笔一放，整个人瘫软下去。仆人忙上前一看，哪知萧照已烂醉如泥，酒气熏天。

翌日清晨，高宗率众人前往孤山。一路上，碧水青山，抵达山麓时，放眼望去，枝干婀娜，红白梅争艳，或折一束梅花，或在山色中嗅这浮动暗香。在梅树掩映下，凉堂半掩半现。穿过探梅小径，“庐山真面目”终于浮现。

高宗观看这些壁画时放慢脚步，驻足观摩，眼里闪烁着惊喜的光芒，问道：“这是谁所画？竟令人宛如身临其境，遨游四方。”高宗啧啧称赞，知为萧画，赐以金帛嘉奖。

京中有一贵人，得见萧照壁画，深爱其自然与人文融合的一体一韵，享受烟云供养的淡冶。回到家中，他立马命人重金招揽画壁高手，让其在自家素壁上泼墨自然，只为重现那一场视觉的盛宴。

古有“李白斗酒诗百篇”，今有萧照斗酒画四壁，使萧照赢得生前身后名。南宋诗人叶绍翁于《四朝见闻录》一书中称赞道：使人观之“精神如在名山胜水间，不知其为画尔”。

## 与《清明上河图》并称之作：《中兴瑞应图》背后的故事

> 夫画者，成教化，助人伦，穷神变，测幽微，与六籍同功，四时并运。[①]

建炎元年（1127），曹勋携带徽宗亲笔衣领御书逃至临安，旁人好奇曹勋被押北上的经历，更好奇他是如何逃离金兵魔爪的，都旁敲侧击地向他打探，因此这几日，曹勋住处人流络绎不绝。

“金兵凶残粗鄙……”曹勋才情出众，动情地回忆在金营中一路北上的艰苦岁月。谈及逃脱之事，他又故意吊胃口：“金兵把守森严，不过我捉住看守的漏洞，方能险中脱生，以一己之力将御书交给官家。”末了，等人追问：“什么漏洞？”他咽了咽口水，娓娓道出原委。众人痴痴地听着，其间又哭又笑，夸赞道：“曹兄智谋着实令人佩服啊，此次大难不死，必有后福。”

然而，曹勋重归朝廷后，赵构对他并未青眼相加，他不知官家偏安一隅的心态，反而屡次请求北上营救徽宗，因而仕途一直不温不火。这不，前几天刚从哪个犄角旮旯调回临安呢。可这并不妨碍曹勋的忠心，他素来追随皇权，拥护官家“正统”。他自认与常人不一般，更时常披露“内情”以表特殊。

绍兴初年，他在临安街头游玩，在一个说书摊子旁逗留，摊上挂着牌子，写着“高宗登基，实有神助”

①〔唐〕张彦远：《历代名画记》。

八字。众人见此，瞬间聚拢而来。见状，曹勋猛然忆起：建炎元年（1127），高宗即位后，民间开始流传高宗与众不同及相关的瑞应之事。这几年街谈巷议，无人不知。曹勋揣测：“徽宗朝时，《宣和睿览册》一书记载瑞应之事，此后逐渐盛行。具有祥瑞特征的动植物终期于尽，书画教化由此而来。”他敏锐地预感这说不定是个机会，于是在《上皇帝书十四事》一则中记录宋高宗即位时“灵瑞符应”之事：“臣闻有大德者必灵瑞以符应，抚大宝者必济世而安民。鲜有端居，必先穷阨……洪惟陛下以德承天，为天所子，甚矣，上帝之覆护，于再于三，昭陛下精意之虔，扶陛下神明之祚，验于天人之际，焕若日月。”“瑞应”之说深得圣心，高宗大力推广此说，但这事未对其仕途激起大水花，曹勋仍然官小位卑。

本以为此生寂寂无闻，不料晚年时，曹勋先后三次出使金国，不辱使命，真正改变了人生际遇，步步高升。宋孝宗特授其太尉之职，先后提举皇城司等数职，因而曹勋晚年生活相对安逸。曹勋知晓高宗退位后热衷于宣扬“圣明”的文化工程，于是竭尽全力地辑录宋高宗即位前的赞文，写成《圣瑞图赞》。文中故事曲折，情节富有戏剧性。此举正中太上皇赵构下怀，他龙颜大悦，命画院着手画祥瑞图。

这绘图重担便落到当时画院首席待诏萧照手中。萧照暗想：太上皇一生波折，自是不凡，此等瑞应之事委实是项大工程，切不可马虎行事。

萧照构思一番后着手创作，只见他率意挥毫泼墨，一发不可收拾。旁边的仆从也忙得不亦乐乎，一边卷画，一边叹为观止：“萧待诏果然才华横溢，若不是将其卷起来，这长度怕是一间普通席屋都放不下呢！”

耗时半个多月，这幅长幅巨作终于完成。伸个懒腰后，萧照瘫在椅子上打盹，呼吸声阵阵。萧照悠悠醒转后，便将此图呈给太上皇。

中贵人打开画轴，轻轻一推，画卷徐徐展开，高宗面上镇定自若，心中却激起千层浪：近在眼前的《中兴瑞应图》是一幅巨型连环画。高宗挪步观赏，侧耳听萧

〔宋〕萧照《中兴瑞应图》（局部）

照介绍："此画共绘四百余人，附十二首赞词：一，诞育金光；二，显仁梦神；三，骑射举囊；四，金营出使；五，四圣佑护；六，磁州谒庙；七，黄罗掷将；八，追师退舍；九，射中台榜；十，射中白兔；十一，大河冰合；十二，脱袍见梦。均以楷书题之。"画面精美而色泽明艳，构图严谨，画中笔墨沉着，殊过于李唐。人马服饰，多以紫色、青灰、赭黛诸色，人物仪态平静，无落魄尘埃之感，可谓"穷工极妍而更觉古雅"。尤以第六卷为胜，人物动态、情绪把控等独到老辣。

《中兴瑞应图》是一幅图文互补的遵命之作，在萧照妙手丹青下，兼顾趣味性和观赏性，被后人视为与北宋《清明上河图》齐名的南宋艺术瑰宝。

摆过摊，参过军，做过强盗，最后成为院画家，萧照一生可谓传奇跌宕。或许是经历使然，他尤喜画奇峰怪石，"望之有波涛汹涌，云屯风卷之势"[①]。他敢于尝试多种可能性，从以兵刃抗击金兵，到以笔为器，从无名之辈变为宫廷画师，事业如日中天，最终官补迪功郎，获赐金带。

萧照苦练画技三十余载，一路逆袭，最终以作品征服了南宋无数文人士大夫。陆文圭、张侃、戴表元、舒岳祥等人均为其画题诗，如舒岳祥《题萧照山水》："烟雨峰峦无古今，断崖迷径静愔愔。隔溪樵子遥相语，昨夜春流尔许深。"

①〔清〕厉鹗：《南宋院画录》。

# 第三章

# 清波门内，漫步画中乾坤

## 清波门内的万种风情

清波门，亦称暗门，是临安十三座旱城门之一，城门外加筑一堵瓮城，呈半月形的围墙，城外又有一条护城河，堪称“铜墙铁壁”。在层层防护下的清波门内却又是如此温婉动人。它仿佛汲取了天地之灵气，日月之精华，不然哪有春花秋月的浪漫，诗情画意的“人气”。

某春日未时，刘松年立于官家一侧，垂首掩眉，神色不明，待官家满意的笑声传来，刘松年依旧毕恭毕敬，波澜无几。不多时，他从皇城内的深墙高院走出。宫城位于凤凰山麓附近，距清波门约三公里路程，刘松年几乎日日徒步归家。

走在南山路上，青石板油润润的，夹道里有青苔暗生，只有一星半点，往来大大小小的足迹不经意压垮了多少蓬勃欲出的小生命。然而总有一片青苔俏皮地探出蓬松的脑袋，急切地寻觅春天的消息，因为嫩绿的小草低头告诉它春天来了。它努力地从石缝中挤出来，瞧见了姹紫嫣红的小花向它招展，鸟儿叽叽喳喳地欢迎着它……

正是江南好时节，花木扶疏，柳絮纷飞，风散花香，一路上朝气明媚。刘松年卸下一身的疲惫，眉宇逐渐舒展，沉浸在春天的气息中。他路过丰乐楼，那里间或传来几声欢笑，和鼓瑟笙箫融为一片。他走过显应观，目光越过台阶，望见香火长盛，紫烟缭绕。他来到灵芝崇福寺附近，看一场沙鸟飞渡夕阳。最后，他静静站在西湖堤边，赏湖光山色，闻花香鸟语。

清波门似乎有什么“魔力”，只有在这段归途，他才放下谨小慎微的拘束，自由漫步，于一呼一吸间真切感受春天芬芳而充盈的气息。

不知不觉，暮色降临，几颗星星忽明忽暗，大地上灯火闪烁。清早从郊外进城，路过清波门的“柴担儿”业已归家，路上行人稀少，刘松年不自觉加快了脚步。行至人烟密集处，有人见是刘松年，便从庭院内探头，熟稔地打招呼：“暗门刘，您今天可晚些啊。”刘松年满脸春风，笑意盈盈地回着：“是呀，绕了些路，耽搁了点时辰。”打个照面后，往前走几步路，刘松年轻松地侧身拐弯，消失在一条弄堂中。

清波门一带，素来是块风水宝地。这里烟柳画桥，亭台楼阁，语笑喧阗，人杰地灵。而这些，都是刘松年一生不可或缺的“能量补给源”。清波门荟萃了天地人和，让人看不厌。刘松年自号“刘清波”，正是对清波门的肯定和喜爱。

一诗客乘兴而来，尽兴而归，身心酣畅：“清波门外放船时，尽日轻寒恋客衣。花下笑声人共语，柳边樯影燕初飞。晓风不定棠梨瘦，夜雨相连荠麦肥。最忆故山春更好，夜来先遣梦魂归。”

## 西湖情结暗生，带来灵感的倾泻

西子湖畔，一湖温软的水，掠过一只飞鸟，徜徉一群游鱼，映照亭台楼榭，千帆过尽后，载着悠悠白云。湖水不知何时泛起波澜，恰似巧笑倩兮，美目盼兮，一尾秋波暗送，荡漾着，荡漾着，不知牵动了谁的情肠。

春华秋实是西湖的“淡妆浓抹”，四季交替的韵致，彰显了它生命潜在的一种律动。当刘松年奔波于画事时，路过西湖，心中的依恋总让他忍不住驻足停留。西湖是他心底的“白月光”，但他能触及它的柔波。他日复一日漫步西湖，其间万种风情、气象变化都被他敏锐地感知和捕捉。瞧，四季的变幻正在徐徐展开。

春景：长堤处风景如画，满目韶华，烟柳窈窕，桃花映红，春草横生，洋溢着一片盎然生机。两侍从牵马携盒，朝小桥一端走去，而路的尽头，正是满溢春色的一处庄园，单单露出富丽规整的一角。园内阶下，仆从忙于清理踏青归来的行囊，园后是青峦耸翠，远山空蒙，春光烂漫，交织着盎然意趣，着实令人心驰神往。

夏景：夏日绿树成荫，凉庭宽敞明亮，有一白衫男子在庭院纳凉，他坐于躺椅之上，欣赏着荷塘美景，有一小童伺候其侧。庭前点缀着各色湖石，庭后的绿树荫里露出园林一角。两边树上绽放朵朵白花。山石厚重，杂生树丛。有间水阁深入湖水中央，以木桩架梁，以一小桥作为连接。湖中漂浮着初夏的荷叶，田田荷叶点缀着湖面，映衬着清淡远山，一片美不胜收。

秋景：湖堤边，岸渚清肃，秋意正浓，溪桥曲径通幽的尽头，有一庭院坐落于树石环绕间，装修豪华，宽敞干净。此时，枝叶落霜，参差变化，色彩斑斓。庭内

〔宋〕刘松年《四景山水图》（春）

〔宋〕刘松年《四景山水图》（夏）

〔宋〕刘松年《四景山水图》（秋）

〔宋〕刘松年《四景山水图》（冬）

有主人于书房静坐养神，溪桥上一童仆汲水，另一童仆则于侧室点茶。庭院背山靠水，山色空蒙，湖水浩渺，一派闲情逸趣。

冬景：画湖边四合院内寒松挺拔，高耸不落，目之所及，屋顶、大地、群山、巨石，积雪覆盖，银装素裹，分外清幽。在万籁俱静的雪天，桥上一老翁骑驴撑伞，一仆从前方牵引，意欲踏雪寻梅，兴致昂扬。幽闭的庭院中，一女子掀帘，探出半个身子向外张望，意欲欣赏雪景，却又被寒气逼退，为冰雪下的世界增添了一丝生气。

近景坡林点翠，中景庭院空旷，远景湖山一体。园林的起承转合，西湖的平远，在远近深浅、四时朝暮、风雨明晦的交替中，演奏了自然和人文谱写的交响乐，无不彰显着刘松年的审美品位。

春、夏、秋、冬的四时画卷以绢本设色，精巧、装饰又透着清雅秀润，是典型的“山水小景”，浓缩了西湖的精华，呈现了一场西湖的视觉盛宴，将刘松年出神入化的功底展露无遗。

刘松年继承了李唐斧劈皴、刮铁皴的衣钵，利用山川局部的注意力，逐渐强化了“一角山水”的构图风格。山树设色自然，其中，雪松画法特色鲜明：先将四围晕墨，以墨笔画出松针，再以草绿间点，其干则用淡赭色着半边，留上半者空白，以示雪意。在山水中也有富丽精工的庭院，界画工整，信手而成，凸显了富贵人家闲适精致的日常生活。

经过高宗朝的休养生息，“实干家”宋孝宗大刀阔斧地进行各项整治，开启南宋最强音，史称“乾淳之治”。时代给了刘松年声色太平，他以画笔报之以优雅恬适。

处在承平日久的盛世，刘松年并未全盘吸收李唐的风格，他从李唐工整严谨的画风走出，又与师辈有所出入。不管是豪放与婉约的天然地域差异，还是思想性格的不同，抑或是朝代的更替，都推动了刘松年的艺术创新。他以独到的见解，将酣畅淋漓的水墨与设色工整的青绿碰撞出新的艺术火花："工"与"简"相得益彰，不偏不倚，呈现出"清丽细润"的视觉效果。

这是刘松年眼中的西湖，具有独特而精致的南宋风情。他仿佛用笔尖触碰着它的模样，别出心裁，以不同的视角连同他的满腔热爱，倾泻于纸上。这种感情却又内敛谨慎，微妙而有分寸。

## 《耕织图》——刘松年职业生涯的巅峰

淳熙十四年（1187）三月丙子日，举城禁乐，临安城内一片肃穆，昨日的莺歌燕舞恍然如梦。两日后，哀乐声阵阵，悲戚动人，一行人身着丧服，掩涕哀行，浩浩荡荡地护送太上皇赵构的灵柩前往绍兴府会稽县（今浙江绍兴）下葬。年过弱冠的赵扩（后来的宋宁宗）也在送葬行伍之中。适值春耕时节，一行人路过大片农田，只见阡陌纵横，男女老少，忙于农事。他们或俯身插秧，或采桑树间，皆身姿佝偻，手法娴熟，一个个衣裳早已浸湿，汗涔涔地贴在背上，但无人忙里偷闲，伸个懒腰或者小憩一会。

目睹稼穑之艰难，赵扩心头苦涩更甚，向左右吐露："'农月无闲人，倾家事南亩。'居于深宫之内，安知劳作之艰苦！"他喉间哽咽，立下承诺："日后势必多多体谅民生。"他重复几遍，像是说与旁人，又像是自语。

左右闻言，皆不以为意。即位后，赵扩却从未忘却所见所言，为了减轻农民负担，他几乎年年颁布一系列蠲免赋税的诏书。

江南是“鱼米之乡”，物产丰饶，繁华富庶。自古以来，农为天下之本、立国之业，春耕夏耘，解决了衣食住行中的头等大事，是百姓安居乐业的基础。虽说赵扩不是理政的“那块料”，但他生性善良仁厚，十分关注农事，体恤民情。

除颁布诏书外，赵扩致力于传播农事之艰辛，欲重新临摹《耕织图》。画院顺理成章地负责此事。赵扩正愁画院中何人可以担当此任，内侍呈上一幅刘松年新作，不知为何，赵扩看着风景画中处处江南，自顾琢磨：“刘待诏画技高超，在众人中出类拔萃。”不禁眉开眼笑，立即传令。

刘松年奉命应制，他怀揣对江南强烈的文化自信、地域认同，带着江南情怀，又在尊重原作的基础上，重绘《耕织图》，将其呈现给赵扩。赵扩龙颜大悦，当即赏赐刘松年金带一条。一幅《耕织图》，让刘松年走向职业生涯的巅峰。有心人不难发现，赐金带之荣宠，自乾道年后，可谓难上加难。此次，刘松年获金带，实力哪容小觑?

实际上，刘松年所绘《耕织图》并非画院首创，而是出自高宗时期於潜县令楼璹之手，画院只是顺水推舟，起到了临摹传播之功。“耕种机织”是画家十三科的一脉，南宋历代帝王颇为重视。而赵扩独独挑中《耕织图》，多因楼璹与之为同道中人。

高宗年间，楼璹任於潜县令，他热衷农事，扎根农田，身影常出没于田巷农家，从中了解种植、采桑、织帛等技术。他怜悯农事多艰，就事绘图，且题诗五言八章，向世人传播农耕桑种，间接传达务农之苦。《耕织图》自成体系，耕图绘二十一幅，从浸种到入仓，织图绘二十四幅，从浴蚕到剪帛，将农桑之事，事无巨细，曲尽情状。虽四方习俗略有差异，然多不出其外。

《耕织图》大功告成后，高宗喜获其图，感激楼璹所为之余，敕令画院临摹。此外，高宗兴冲冲地前往后宫同皇后分享。于是，《耕织图》从民间走入朝廷，又从朝廷走入后宫。这一次，《耕织图》被予以“二次加工”，秀外慧中且善于翰墨的吴皇后站在女性立场，在原有基础上增加了“暖蚕”场景，从而衍生了一幅《蚕织图》。考虑到受众接受水平之差异，她亲自题注于画作下方，使内容浅显易懂，并将其宣于后宫屏风之中。此举别出心裁。一则往来宫人皆可从屏风中了解蚕织，使传播更为方便快捷。二则较小幅绢画，屏风细节更加详实、生动。

数十年后，《耕织图》在刘松年的绘制下重现于大众视野，名副其实地成了最具实用价值的画作。

## 一亩“桃花源”，一抔心灵的净土

如果说唐朝是一个诗性浪漫的国度，那么宋代则是一个理性徜徉的天堂。气质相去甚远的两个朝代，却尊崇一样的宗教信仰。

宗教是南宋跌宕中的一针“强心剂”，暂时让世人逃离纷纭叨扰。随着南宋的繁荣和市民阶层的壮大，“俗”文化滥觞，罗汉从魏晋式“虚幻的崇高”和盛唐式“理想的完美”走向世俗化、民间化。商人对其勤于供养，使其脱离肃穆感，渗入生活气息，正如禅宗所谓“担水砍柴，莫非妙道……一切声色，尽是佛事”。

开禧三年（1207），在一座水榭中央，有二人正在参禅打坐。清风沁怀，一人身上毫毛竖起，既而露出一抹淡淡的微笑，一人则手舞足蹈，喜不自禁地跳跃起来。二人皆臻禅悦之境，身心通畅自达。

二人起身后，一人拨弄古琴，琴声悠扬宛转，另一人则沏茶酌饮，好不自在。其中，抚琴男子道："清波，你与禅宗有缘，禅定几日便入'踊跃喜'，令人好生羡慕。"这"踊跃"之人便是刘松年。他将茶杯归于原位，惬意地说道："我也是始料未及。'直指本性，见性成佛'，方于这几日参禅中心领神会。"二人相视一笑，"啊"的一声，男子拍着手想起什么，颇有兴致地同刘松年分享："昨日听人道，'参禅后若备禅画观赏，其妙无穷'，心下好奇，改日一试究竟，如何？"

数日后，友人一如既往于刘松年家赴约。刘松年神秘地将长匣子藏匿于桌下，等修禅结束，友人正欲饮茶，刘松年从桌底拿出匣子递给他，打开见是一幅《猿猴献果图》，友人既惊喜又感动，爱不释手地拿在手中赏玩。

罗汉浓眉高鼻，天庭饱满，聪明绝顶，身着"右袒式"袈裟，造型准确而不失夸张，呈现出明显的异域感。只见他脸上满布皱纹，双眉蹙起，神情专注，倚在桫椤树上沉思，脑后一圈光环，是他尊贵身份的象征。罗汉身后三树枝柯掩映，层次分明。桫椤树枯老繁密，菩提树、石榴树欣欣向荣，石榴叶片因形小而相对疏朗，每片叶子井然有序，相互呼应着。有两只长臂猿游戏于树间，似乎在采摘石榴，身侧小沙弥随侍一旁，正以衣袂承接长臂猿采摘的果子。两只温顺的小鹿相背仰首，似乎发出呦呦鹿鸣声。

画中匠心独运，构图中存在多重呼应。其一，人物上两两呼应——两只长臂猿、两只小鹿、两个人；其二，注重设色，随类赋彩，敷色妍丽，又能巧妙呼应、和谐统一。景物繁多可谓肉眼可见，但画家善于经营位置，主次分明，以罗汉为中心，四周环境和童子皆围绕着罗汉展开，突出了罗汉的尊贵；疏密有致，呈现上密下疏、景密人疏特点。画家创作应物象形，用笔视情况而定，画人物以中锋用笔，运笔稳健，以铁线画之，线条变化多端，衣纹流畅、神态栩栩如生，彰显出人物的健康、硬朗。至于其他动物和景物，笔墨皴擦变化，线条或长或短，或轻或重，恰到好处地表现其质感。

此图人景和谐统一，繁缛精美，气韵生动，体现刘松年天人合一的创作追求。

佛道神鬼是画院创作的题材，值得玩味的是，具有宗教色彩的绘画逐渐失去宗教功利实质，罗汉图成为文人禅师的把玩对象。其实，刘松年心中早已对这片洞天福地充满向往，视之如桃花源，在参禅过程中更是产生了强烈的创作欲望。

一番思索后，刘松年决定画罗汉图，因为相较于佛像高不可攀的庄严肃穆，他更倾心于罗汉无量神通而又清俭自持、任性自然，既有人性又有神性的本色形象。

自此，罗汉成为刘松年笔下的常客。他抹去了罗汉的禁欲气息，视其为从凡间脱胎、热衷游山玩水的仙人。此外，他热衷于让罗汉穿着“人字拖”，让人想象那“踢踏踢踏”的声音，独特而富有节奏感，完美表现出罗汉悠游自在而又淡定自如的心境。同时，刘松年画中也容纳了道骨仙风，《春山仙隐图》中的仙山仙境，皆是他心中的圣土，纯洁而美好。

〔宋〕刘松年《猿猴献果图》

## 茶画中的茶话

南宋时，茶是国饮，饮茶成为社会风尚。饮茶之人，处处可见；茶肆茶舍，门庭若市；以茶待客，蔚然成风，演变为不成文的习俗。

在莺啼柳荫的清波门外，有一条路直达龙井。清明时分，东风倏尔送来叶芽芬芳四溢的清香，招徕了一拨又一拨慕名而来的茶客。“从来佳茗似佳人。”龙井茶根根青绿，色泽饱满，挺秀尖俏，光以茶颜，就足令人赏心悦目。

占得先机的刘松年怎会错过，忙让妻子就近买了一两西湖龙井。他没想到一下子就迷上了，独自坐在书房乐陶陶地点茶，沏一杯明前龙井，低头小啜，只见汤色嫩绿明亮，入嘴香馥如兰，而后回味甘醇，沁人心脾。他想起前日雅集时，友人赠他一本《玉川子诗集》，随手一翻，是一首《走笔谢孟谏议寄新茶》。

读罢，刘松年双目炯炯放光，兴之所至，咂嘴回味：“一碗喉吻润，两碗破孤闷。三碗搜枯肠，唯有文字五千卷。四碗发轻汗，平生不平事，尽向毛孔散。五碗肌骨清，六碗通仙灵。七碗吃不得也，唯觉两腋习习清风生。蓬莱山，在何处？玉川子乘此清风欲归去。山上群仙司下土，地位清高隔风雨。安得知百万亿苍生命，堕在巅崖受辛苦。便为谏议问苍生，到头还得苏息否。”他内心掀起惊涛骇浪，直呼：“先贤卢仝，茶中最‘痴’。这七碗茶的境界，岂为常人所臻？那是浪漫与现实的交替，是茶道与家国胸怀的融合，是畅快与焦灼宣泄的出口！”

他昂首饮尽杯中茶，畅想卢仝饮茶之景，欣然提笔，

〔宋〕刘松年《卢仝烹茶图》

一气呵成。唐代煮茶以“烹”而非“点”，画中松槐掩映，山石瘦削，静谧清幽。有一茅屋陋舍，婢女赤脚执扇，耐心烹茶，长须奴身负一大瓢，出门汲泉。卢仝则拥书席地而坐，微微侧首，倾听茶壶“咕噜咕噜”的沸腾声，似乎在思考这是“三沸煮茶法”中的第几次。他虽素衣赤足，却风范自出，享受此刻的恬静。周围树石掩映，将极具生活气息的茶事衬托得高古幽雅，古色古香。环境与人物的“和谐”又和茶道精神的“和”合二为一，在简笔与留白下，“茶仙”形象跃然纸上。

以茶入画后，刘松年其乐无穷，他敏锐地感知身边的茶人，捕捉茶诗、茶事、茶风的动态。

茶与书是“最佳伴侣”，文人才子将其视为风雅之事。他们热衷松林相聚，享受林间穿堂风的惬意，抚琴读画，品茗观书，焚香赏石，不争朝夕，充满闲情雅致。茶宴、茶会成为一种新兴的社会现象。

《撵茶图》乃刘松年绘制文人小型雅集品茗观书作画的生活场景。画中共五人，以左右为界，沉浸在各自的世界。左侧是撵茶、烹茶的仆人。一仆人坐在长条凳上，头戴黑幞帽，身着长衫，握住转柄，自然地撵茶。另一仆人站于桌旁，右手提汤瓶，左手执茶盏，正注汤点茶，真实还原了点茶的步骤之一。桌上茶具齐全，茶箩、茶盒、茶盏、茶托、茶筅、水杓等应有尽有，背后立着一个贮水瓮，工序虽然繁琐，但他们看似专业十足。与仆从的忙碌不同，文人们显得清闲自在。一僧人端坐案前，执笔落墨，一拢袖文人于圆凳上正襟危坐，另一儒士则展开手中画卷，作势要看，却被僧人吸引，只见他微微侧首，欣赏僧人的笔墨。画家在空旷的背景画上草木树石，烘托出清雅的氛围，在章法布局上，把握人物的空间关系，井然有序。

在画“茶事”以话“雅”时，他不忘关注临安街头的“小人物”，画“茶事”以话“俗”。

〔宋〕刘松年《撵茶图》

〔宋〕刘松年《茗园赌市图》

斗茶从饮茶衍生，是一种全民趣味游戏，好比一场球赛，充满未知和挑战。“斗茶味兮轻醍醐，斗茶香兮薄兰芷。”斗茶讲究色、香、味、浮。在《茗园赌市图》一画中，左侧四人相围斗茶，一人执茶碗，似饮完，正回味无穷，一人举杯品茗，一人右手提壶，左手擒茶碗，倾身注汤点茶。一人举右手用衣袖擦嘴，神清气爽，目光注视着点茶者，似乎想再来一碗。来往观众，姿态异中有同，却不约而同地关注着斗茶近况。一名驼背老者，手拎壶，意欲离开，目光却流连在斗茶。右侧是一茶贩，茶担上陈列了诸多茶具，一头写着“上等江茶”。茶贩左手搭于茶担，右手作吆喝状，前倾的身子暴露了他对斗茶赛事的关心。妇人右手捧着点心，左手携一幼童，边走边回头。所有人此刻都沉浸在斗茶的乐趣之中。

《斗茶图》则独取四名茶贩，在乡间参天松树下，卸担路旁，相互斗茶的情景。他们两两相对，易于沟通交流。右侧两人均一手捧茶盏，一手置于挎伞处。左侧一人正

〔宋〕刘松年《斗茶图》

提壶倒茶，另一人正扇炉烹茶。茶人斗茶的风姿，鲜活而又酣畅淋漓。

画院的创作活动围绕着宫廷展开，但也有民间采风的传统，刘松年用画笔将“茶”事的雅俗、趣味和生活气息生动地记录下来，形成一系列的南宋当代茶事“图鉴”，各有滋味。一笔一画，事无巨细，都体现了他的细致入微，理性严谨，化为境界。他当仁不让地成了宋朝茶文化的忠实记录者，从茶到民间的关怀，丰富了茶文化的内涵和外延，将茶的精神生生不息地传递给后世。

## 近朱者赤，近墨者黑：交友中流露向往的生活

黄昏，西湖边一间精致庭院内，夕阳的光笼罩着烟树，刘松年同友人谈天说地。他摇着纸扇，微笑着倾听，偶尔又折扇侃侃而谈，赢得友人喝彩。

约莫一炷香，刘松年春光满面地回到家中。“官人，官人，”仆人喊住他，禀明情况，“今日未时有男子上门拜访，自称幼时同您一块长大，以前是您邻居哩。”刘松年一听，忙扭头问道：“人呢？他可曾留话？”仆人如实答复：“对了，那人留了拜帖，声称明日再来拜访。”刘松年接过拜帖一看，果真是童年玩伴。

翌日，刘松年正专心看书，仆人道：“官人，昨日送拜帖的男子来了。”他放下书，犹记得二人时常结伴在清波门外嬉戏玩耍，彼时纯真无邪，从未想过离别。但因其父外地经商，举家迁离临安，二人的交集随着距离的拉长逐渐减少。

男子一进门，刘松年便立即迎上去，二人落席就座。男子随即说道：“恭喜啊，一眨眼工夫，刘兄成了宫廷画师，声名远播哩。”“哪里。”刘松年谦虚地摆手，递茶时不忘问候，“张兄这些年可好？模样倒似无甚变化嘛。”寒暄几句后，二人开始叙旧，追溯起童年趣事。欢声笑语中，男子失笑道：“当初分别时，你紧紧握住我的手哭鼻子，死活不肯放开呢。”刘松年恍惚道：“是啊。为此闷闷不乐好多天。”心想：自此以后，你我之间的联系不知不觉断了。我曾为年少的情谊未能长久而叹息，如今重拾童年友谊，正好弥补遗憾。被时间和距离隔开

的生分似乎悄悄缝合。

刘松年邀约男子去西湖边听琴赏曲，二人坐于画舫之中。湖岸有诸多舞伎身段妖娆，笑靥如花，不断招揽着客人。男子招揽了几位舞伎作陪，与其调笑，言语中有些轻佻，像是流连花楼的老手，一旁的刘松年沉默地喝着闷酒。

数日后，刘松年同几人相约茶楼，遇见男子，打了声招呼，其余文人便邀他一同喝茶。众人边饮茶，边各抒己见，其中不乏真知灼见。反观刘松年童年玩伴，在谈话中人云亦云，一味附和，缺乏自我思考和独立见解。刘松年尽力帮他打圆场，挽回几分颜面。

自那以后，刘松年渐渐推辞男子邀约。一而再，再而三，男子心中有数，识趣地不再过多打扰。

物以类聚，人以群分。在精致的池苑台榭，作为一名画师，刘松年的交际圈除宫廷贵人外，多为文人雅士。刘松年由衷地热爱同他们打交道，感受思想火花的碰撞和升华。在云霭烟树里，在精致庭院中，他们朝夕相处，焚香读书，饮酒作乐，清谈老庄，游心翰墨，在旖旎风光和思想的熏染下，刘松年人文情怀逐年累积，眼界和人文素养大大提升。

追求风雅俊逸是刘松年乐此不疲之事，他清楚地认识到自己的所需所求。与男子交情淡却，的确是他主动疏离，不是二者存在云泥之别，只因道不同，不相为谋。

“有匪君子，如切如磋，如琢如磨。”从日常交往和生活中，刘松年表现出追求文人雅趣的倾向，他不止步于此，溯古以求：在他的笔下，云烟雾霭，茂林修竹，松筠辉映，高雅的环境下往往留有名人名士的足迹，《十八学士图》《兰亭修禊图》《东山丝竹图》《香山九老图》《子美浣花醉归图》等图中，高古儒雅之士皆绘于纸上，人物神情举止、环境布局构思，皆有着细致入微的刻画，无不倾注着刘松年的情感和追求。如若未有体察，焉能将此高雅之图表现得自然得体？

以我手画我心，刘松年跨越历史的鸿沟，寻求一种精神的共鸣。他人如其画，审美高雅，风范十足，在他人眼中有清誉，因而画作赢得文人士大夫的青睐。

大至王侯将相，小至无名之辈，“众生相”皆化作刘松年笔下的一部分。他在风景里得心应手，梅、竹、松信手拈来，设色妍丽，淡墨清岚，清理秀润，界画屋宇工整，时有悠游自在的士子或者高雅之士。人称其画为“小景山水”。他创作题材多样，风格独特，所以往往令观者眼前一亮，是个“宝藏”画家，因而成为众人的偶像，在宫廷、民间收获一众追随者。

刘松年供奉于孝宗、光宗、宁宗三朝，日复一日地穿梭在宫廷与民间，用“绝品”画作为后人展现一个多面的南宋印象。后人对南宋四大家毁誉参半，刘松年却获得一致认可。明代《清河书画舫》作者张丑甚至认为：“北宋四名家李成为冠，董源、巨然、范宽次之，南宋则刘松年为冠，李唐、马远、夏圭次之。”此是后话。

# 第四章

# 落在绢画上的花鸟还活着吗

## 图绘花鸟存在的世界

试问花鸟何为好？引无数文人竞赋诗词。“感时花溅泪，恨别鸟惊心。”一花一鸟，蕴含乱世别样的悲凉。“无可奈何花落去，似曾相识燕归来。”落花归燕，缱绻无可奈何的惆怅。“昨夜雨疏风骤，浓睡不消残酒。试问卷帘人，却道海棠依旧。知否，知否，应是绿肥红瘦。”一门之隔，帘外一树海棠，萦绕一袭青衣的九曲回肠。

古往今来，多少绵绵情意隐于花鸟自然之中。“花鸟”既在诗词中活跃，又在画纸里留影。伴随着花鸟空间的衍生、花鸟审美的发展，花鸟画发展为一门学问，不断酝酿着花鸟画的兴荣。

山水、花鸟、人物，是南宋画院中高手如云的三科。宋室南渡使图绘花鸟重焕生机。“半壕春水一城花”，临安风光名动天下，为花鸟画繁盛孕育天然肥沃的土壤。淳熙末年，画院云集了一众才华出众的花鸟画家。其时，花鸟画与人物画和山水画同为画家十三科中的三大画类，朝野上下皆爱之。当然，花鸟画的兴盛离不开历史的沉淀。自唐代成为一门独立的画科，花鸟画在画坛大放异彩，此后逐渐走向高峰。五代时，魏晋时形成的“黄家富贵，徐家野逸”两大风格流派各领风骚；北宋时，长江后浪推前浪，宫廷花鸟画走向全盛。最终，它一路乘风破浪，成为北宋画院末期一枝独秀，宋徽宗更是出了名的“花鸟皇帝”，艺术功底一流。

从东京到临安，院体花鸟画大体上与北宋画院一脉相承。写生月季，观察孔雀，诸如此类写生观点，至今仍被奉为圭臬。这种注重写生的观念还与南宋学者大家朱熹的“格物致知”思想异曲同工，工笔写实成为院体画之大势所趋。

然而，纵使北宋遗风影响巨大，画院亦在潜移默化中发生了改变。时至今日，画院中的花鸟画创作不再被个别大家或当朝者所把控，同时，减少了皇家审美的浸透后，“黄家富贵”等绘画流派不再主导画院，院画家的风格百花齐放，各有千秋。他们作画摆脱了很多条条框框的约束，不再强求“严谨性”写实，画家的主观意识因而获得较大解放，这为艺术创作预留出自由发挥的空间，进而使其更加注重内在意境美的营造。

## 杏花深处的习画之人

南渡后，画院于临安重建，实际上给本土画家的崛起提供了诸多“福利”。江南花鸟画家如雨后春笋般涌现，他们享有天然的地理优势，敏锐的感知，以及对江南花鸟细致入微的了解。

淳熙年间（1174—1189），就在钱塘（今浙江杭州）一深巷杏花叫卖处，住着院画大家林椿。他兼收古今，笔下的花鸟备受宫廷追捧、民间热爱。

七岁的林椿经常缠着父母带他去踏青。于是，父母一早便携林椿游园赏花。正是临安花开时节，花开有期，众人为了一睹芳华，动辄举家外出。游人如织，好不热闹。

然而，进入园内，四处人山人海，走到哪，皆是人挤人。顺着人流挪动几步，林椿突然想道："这样挤在人堆里，我都看不到花鸟了。"

他有些着急，正欲凭着一股机灵劲一头扎进人头攒动的人流中，父母却担忧地紧紧牵着林椿，所以他也只能跟着人流慢行。几番波折，一个时辰过去了，林椿终于见到了珍禽名花，一会儿雀跃地拍着小手，一会儿摇着父母衣袖，激动地喊着："看，这花真美，这鸟真好看！"

未几，一家人抵挡不住人流，又被挤往别处。渐渐地，林椿原本的一腔热情被硬生生扑灭，他一言不发，耷拉着脑袋，双臂下垂，有点沮丧地归家。那张低垂的小脸上双眸暗淡，小嘴高高地撅着，说不定能挂上一把小酒壶呢。少年的喜怒哀乐没有世俗刻意的遮掩，父亲一眼看穿林椿的沮丧，拍拍他的脑袋，低声安慰道："择日再带你去游园。"见林椿漫不经心地踢了颗小石子，父亲失笑道："下次得挑一个人少的时间喽。"林椿蓦地抬头，眼底的灰色重新被点亮，正好对上父亲眼中温柔的笑意。

清晨，朝阳从地平线上冉冉升起，曙光欢送着一家三口。黄昏，漫天的霞光迎接着尽兴归来的一家人，橘红的余晖洒下温柔的暖光，低头亲吻着趴在父亲背上酣睡的小脸蛋。

翌日，林父在书房翻找一本书，发现书架上有几本画理书摆放杂乱，随手拿出一本，翻一翻，便发现书中夹了一些涂鸦，是各色花鸟的形态。笔墨中带着稚嫩之气，一猜就是林椿的“杰作”。林父轻声一笑，对林椿之前的异常恍然大悟。父母私下商榷，一致认为既然林椿感兴趣，便主动提及送他去私塾学画。林椿简直乐开了花。

林椿自学绘画时，在书中见过北宋院画家赵昌的大名。前人对赵昌褒贬不一，苏轼直言“古来写生人，妙绝谁似昌”。米芾则歧视赵昌，甚至以“如无才而善佞士”贬之。年少的林椿对此诧异懵懂，但他心中喜欢赵昌，热衷于赵昌笔下《写生蛱蝶图》的花鸟，对五彩缤纷的色调非常着迷。他决心师学赵昌，更是出于对“写生赵昌”“每晨朝露下时，绕栏槛谛玩，手中调采色写之”这种状态的向往。在接受体系化教育之后，林椿豁然开朗，原来米芾向来贬低花鸟画。他泯然一笑，多年前决定师法赵昌的那一刻，心中早已有高下之分，如今倒是让他更加坚信心中所选。

林椿热衷写生，四处“掇集花形鸟态”，临安的园林成为他写生素材的来源，他穿梭在各个园囿，倒像是常驻于此。珍禽并不常见，所以林椿格外珍惜每次机会，正式创作之前，必反复写生。从初稿到成品的完成，不知经历多少一笔一画的斟酌与修改。淳熙年间，林椿所作花鸟画出现在临安各大画铺，他一鸣惊人，顺理成章地被官家招入画院。林椿的写生方式与其他花鸟画家不同，他一年四季反复观察游人出行状况，终于找到了一个“特别”的写生时机。

## 风雨飘摇中的写生乐趣

> 诸黄画花，妙在赋色，用笔极新细，殆不见墨迹，但以轻色染成，谓之写生。①

①〔宋〕沈括：《梦溪笔谈》。

一团团奶白的云，依偎在天空的怀抱，淘气的风携着云朵奔赴远方，载着云朵的温柔，共赴春日的约会。不一会儿，天空染上了青色，雨淅淅沥沥地下了起来。

瞬息万变的天，使晴天的喧哗一哄而散。青石板路上，伞下袅娜的倩影，迤迤然不知走向何方，唯有一抹惆怅荡漾在屋檐下的心房。

守在画院的内侍望着这场突如其来的春雨，似乎记起什么，“噢”的一声，小步跑向画院某处，探头冲院内忙于琐事的林椿提醒道：“林待诏，外边下雨呢。”“好，辛苦了。”只见一抹身影，拿了些什么，便从画院奔出。内侍一时间摸不着头脑，嘴里嘟囔着：“这新来的林待诏真奇怪，之前让我提醒他下雨，这急匆匆的模样又为啥事？”

当雨“滴答，滴答”地敲打着街上的青石板，一把油纸伞在大街上孤单地游移，撑起了临安街头的风景。伞下身着绿袍的林椿步履从容，他踩着溅开的雨花，与那些慌乱避雨的行人比起来，多了一丝轻快和自信。

和风细雨似呢喃软语哄着生气的天，抚摸着三月孕育的生灵。约莫半炷香时辰，林椿走进临安城里一座著名的园囿——富景园。此时，园中不见人潮涌动，也失去了平日的欢声笑语。他优哉地拂去衣袖上的水珠，顺着蜿蜒的小径，钻入假山底，收起油纸伞，甩一甩水，便在那静静地细细观察花鸟在风雨中的姿态。酥润的小雨洗净花木身上的尘土，又让它们“咕噜咕噜”地喝饱，此时，它们精神极了！

林椿眼里流露出一丝迷离倘恍的温柔。他笑意不减，眼睛直盯盯地瞧着，仿佛要将每一片花瓣的纹理都看清，将每一根羽毛的绒毛都看透。一只珍禽，一棵异树，一朵鲜花，在他眼中皆有造化之奥妙。他不舍得眨眼，生怕错过某个精彩瞬间。

而他又注重把握与珍禽和花草的距离，不过于近，生怕吓到那珍贵的鸟儿，又不过于远，享受那种恰适的分寸产生的美感。当他沉浸在自然造化的神奇中时，猛然一抖擞，急急从画匣中掏出纸笔颜料。一切准备就绪，林椿举手落笔，轻描淡抹，不紧不慢地画着。

此时，两位游园之人用衣袖遮住头，慌乱地跑进假山避雨。“这雨下得真是突然，也未曾带着伞来。”青衣男子拧着袖子，朝身着素色长衫的男子道。素衣男子擦拭鬓角的雨珠，说道：“万幸只是淋湿一些，便找到了假山避雨。”正聊着，一人不经意发现假山内有人在写生，手肘轻推，手指作“嘘”状，向另一人示意。二人识趣地噤声，退到假山内的一侧。

素衣男子好奇地张望，认出这是画院林待诏，欲上前招呼，见其专心致志，便自觉地默默退到林椿身后。此时，林椿完成过半，正调色敷染。二人观摩林椿设色，见画面被色彩填充，粉色、鹅黄、靛青等等，一派轻柔明朗，被雨水搅乱的赏景心情得以舒缓。

不知不觉间，春雨初霁，一束阳光穿透云层，宠爱着一只小鸟。只见它振翮抖擞，从枝头飞起，枝叶轻微一颤，晶莹的水珠似断线的珍珠从枝头坠落。小鸟从假山飞过，不知是否瞧见了那半写实的画像。

## 活在小幅绢画里的花鸟：《果熟来禽图》

北宋院画以巨幅山水为主，南宋时则崇尚小幅山水，山水画自此发展出了一片新天地。作为院体画领军人物，李唐引领山水画从全景走向一角。花鸟画也紧跟主流，一方面多以册页和绔扇小品为载体，这在一定程度上限制了画面的规模，既考验画家画面处理和把握能力，也驱使花鸟画逐渐走向精致化、小巧化。另一方面，淳熙年间，花鸟画不以呈现全貌为风尚，多以折枝式构图。而这种构图与《宣和画谱·蔬果叙论》所记载的“盖坠地之果易工于折枝之果，而折枝之果又易工于林间之果”存在某种关联，也同山水画中边角之景不无关系。

林椿师法北宋赵昌，亦能顺应潮流，以折枝式构图进行花鸟画创作。

画幅虽小，但“细节控”林椿能把控自如，他绢画里的花鸟被刻意抹去雨珠的痕迹，在折枝式构图的画作中重获新生。每幅画不拘泥于“再现现实”，而是捕捉花鸟的瞬间，其中倾注了林椿个人审美和情感等个性化色彩，完成了艺术的再加工，从而达到艺术化的效果呈现。

《果熟来禽图》以绢本设色，是林椿众多花鸟画作中的典型作品之一。秋意中一段枝叶，枝头挂着沉甸甸的果实，一只小鸟在枝头鸣啭，画面简洁明了，生动可爱，令人爱不释手。

画中折取果木一枝，从左侧横生而出，枝、叶、果、鸟穿插掩映，多一分则满，少一分则空，恰到好处。

秋意染上枝头，树叶造型各异，或翘首，或低垂，正面、反面、侧面皆有，变化多姿。偶有几片树叶，虫洞斑驳，含蓄地增强了画面的空间感。大自然的力量在这一刻似乎倾注于林椿手中，他麻利地调色，轻敷淡染，只添加一两笔，一切就变得生动活泼起来。

叶片设色时，他故意将叶边、叶尖位置洗却一些颜色，经过种种特殊处理，叶子在渐变中凸显层次感，深绿、淡绿、黄绿、赭黄等渐变色交织，在模糊不明的界限中和谐共处，完美诠释了老叶、嫩叶、虫叶、枯叶分别特有的质感和色调，秋叶的意态美舒缓而自然。

虫叶、枯叶虽大有枯败之势，然而果皮白中略透鹅黄，底部微微泛红，果实饱满，鲜美多汁，设色清新明亮，令人垂涎欲滴。通过渲染勾画，果实不同侧面的刻画凹凸起伏，细致而真实。除了树叶残留虫儿啮蚀的痕迹，连果子上的斑点也未被遗漏，不禁令人怀疑林椿是否拿着放大镜写生。

〔宋〕林椿《果熟来禽图》

在枝丫的一端，一只活泼灵动的小鸟翘首以盼，凝视着斜上空，圆润的胸脯挺起，尾巴也高高翘起，双爪抓紧树干，动感十足。它仿佛在枝头休憩，又恰似振翅欲飞，引吭高歌，叶子也似展翅般向上弯曲，姿态昂扬，恰到好处地与小鸟和谐统一，整幅画的欢快与轻松感扑面而来。

林椿空间把握的老练，处理画面时的机动灵活，观察的全面细致，设色的清新自然，一切水到渠成，无不令人震撼。

后宫一座富丽堂皇的宫殿内，一缕蔷薇露（香水）的香味从屏风掩处幽幽袭来，贵人纤手轻抬，低眉浅笑，朱唇轻启："盈盈一尺，绰约依旧。林椿写生，不仅栩栩如生，还蕴藉空灵，兼得诗意趣，着实是名不虚传啊。"

数日后，宫外一间高古典雅的商铺中，一官人碰巧见之，亦拍手叫绝，连连赞曰："此图极写生之妙，莺飞欲起，宛然欲活。妙哉，妙哉！"

## 凌寒盛开，铮铮傲骨——梅竹精神

三日前，皑皑白雪漫天遍野，万物似乎全然不见踪迹。林椿眼巴巴地等到冰雪初融，然后兴致昂扬地提着暖手炉，披着暖色大氅，与好友一同在冬日踏雪寻梅。一双双脚印伴着"沙沙"声，慢慢消失在远方。

二人在园中观赏梅花，料峭寒风从北面刮起，刺得脸生疼，他们缩了缩身子，转头避风。"看！那树梅花枝头落了一只灰文鸟。"起伏颤抖的声线，笨拙挥舞的手势，出卖了林椿内心的雀跃。小小的发现，让林椿变成了一个天真烂漫的少年。

在其创作中，林椿总能牢牢抓住时机，用画笔捕捉大自然和生命的精彩。心知林椿必定摩拳擦掌，大展身手，友人身处萧瑟中却犹如春风吹拂："有美景相伴，更有幸再次见到林椿的妙笔生花，人生又有何不知足呢？"

友人静静伫立一旁，脸上写满了期待。

林椿俯身垂腕，笔头蘸浓墨，以中锋用笔，自左上往右下，几笔勾勒，梅树轮廓显现。再几笔，竹叶、鸟儿也跃然纸上。只见梅干蜿蜒曲折，几处看似顿挫中断，实则气脉相连。若细细观赏，不难发现笔墨的虚实游走别有乾坤，虚处宛如一层积雪覆盖，生发想象的空间。实处则完美呈现了躯干参差不齐的纹理变化，极富写实性。

浓墨轻点，花托、花萼、花蒂依次完成，大小、朝向、雌雄和疏密等细节都十分讲究。花朵的大小、占比、位置关系都恰到好处。多一笔，则过于冗杂；少一笔，则过于单调。花瓣采用双钩法，花瓣圆润饱满，立体生动。两朵绽放，几朵含苞，星星点点，汇聚枝头。

林椿轻轻刮去笔侧部分墨水，转为侧锋用笔，开始初步皴擦，他胸有成竹，一气呵成。又在枝干下侧反复皴擦几笔，顿时阴阳向背分明，表皮的质感逐渐显露。皴擦完成，他往砚台里滴水，研磨稀释，有条不紊地开始调色。

他挤出一抹淡赭石色，一支笔蘸色，一支笔蘸水，从花瓣根部将色彩拖染，又用清水笔将色彩向花尖晕开。打底完成，挤一点花青色加入藤黄中，调成绿色，匀称轻柔地罩染。每一步都井然有序地进行着……

整体设色大致完成，友人已目瞪口呆，打心眼里佩服："林椿的没骨画法堪称出神入化。"

然而离结束还差最后一步呢。林椿往清水中倒入白粉勾芡，在花瓣边缘染上白色，犹如神来之笔。仿佛能感受雪花的质感与厚重，以往从未见过，花瓣还有这种画法。最后，林椿信手加一点藤黄至白粉中调成粉黄，笔上蘸色，水粉将滴未滴。他垂直落笔，缓缓将花蕊点上。

友人切身体会折枝花①的魅力，它使主体更加耀眼，名花折枝，不减风华。梅花的冷冽清霜迎面袭来，承载冰雪的枝干坚实有力。竹叶自疏梅中穿插掩映，嫩叶与老梅，层次丰富。枝丫上，栖息着一只灰文鸟，它体态优雅，羽毛根根分明，孤芳自赏。

友人凑近，一寸一寸地看，试图看穿这笔墨变化，只见那线条灵动自如，干湿浓淡极有分寸。视线一点点

〔宋〕林椿《梅竹寒禽图》

①指画花卉不写全景，只画从树干上折下来的花枝。

转移，友人惊喜地发现花蕊的水分悄然挥发，中心居然形成一条凹陷，魔法般地产生了立体效果。那一点冷蕊，几可以假乱真！

《梅竹寒禽图》在写实中融入写意，从寒冬中沁入几分梅竹精神，让人清新提神，这是一种精神的超然挺拔。出神入化的画技让友人心神震撼，令他更坚信林椿绝对是凭实力获得追捧热爱的。

## 众安桥一带，临摹品也能风靡一时

当书画家声名鹊起，舆论风向便转向作品，艺术的触角逐渐延伸至临摹品。即使是对名家名作的临摹，只要质量过关，就会备受青睐。

绍兴十五年（1145）七月，一幅流失到民间数年的《兰亭帖》再度引起全城轰动，不仅因其重现于大众视野，更因咸安郡王韩世忠以“钱百万得之”。这幅帖并不是真作，而是宋高宗皇后临摹之作，也算一字千金啊。

历史的齿轮转动，相似的桥段在南宋街头一角上演。

清湖河畔，往来摇橹咿呀，岸边捣衣声声，夹杂着浣女嬉笑连连。清湖河上，众安桥间车水马龙，游人如织。

众安桥，乃御驾出巡必经之处，是临安城的黄金地段。在这一带，可一饱市廛风景。勾栏瓦舍，莺歌燕舞，恣意欢娱。桥南数十米处，立着临安最大的瓦舍，戏曲杂耍，应有尽有，热闹非凡。酒楼、茶舍、杂货铺等等，云屯雾集，吆喝声朝朝暮暮不停歇。

在商铺林立的繁华地带，一名书生在一家杂货铺前徘徊，手中执一把绔扇，老板一眼洞察，主动问道：“官人可是有啥要卖？”书生收了收衣袖，轻声道：“我听朋友说您这儿收画，我也有幅画想卖。”老板接过，将扇面打开一看，乃是仿林椿新作《枇杷山鸟图》。

此画数日前在宫廷里被争相传阅，成为宫廷花鸟画中备受追捧的热门之作。说起来，此画与宋徽宗还颇有渊源。徽宗是“书画帝王”，艺术造诣极高，他的《梅花绣眼图》中的绣眼鸟，在林椿笔下，以更精致细密的笔触呈现。绣眼鸟灵动可爱，小蚂蚁情态动人，枇杷香甜诱人，画面惟妙惟肖，富有情思和趣味。其中奥妙引得宫中贵人惊叹，众人均想一睹为快，领略画中风采。《枇杷山鸟图》在宫廷中炙手可热，转而又在民间掀起了一股浪潮。

南宋时期流行收藏字画。画院处于当时艺术的前沿，引领无数艺术热爱者的趣味。林椿是画院花鸟画中的红人，亦是艺术的标杆。于是，每次他的临摹品上市，都会引起抢购热潮，若“限量版”的真作一出售，火热的场面可想而知。他以一支笔成为“万人迷”，不仅让自己的作品升值，还提高了仿作的价值。可谓凭一己之力，带动了临安绘画产业的发展。

老板稍作盘算：“近日林椿此画确是畅销，凡是该图仿作，皆被抢购一空。”他低头再次细细观摩一遍，暗想：“此画虽是仿作，但总体制作精良，倒有几分味道，细节也足见功夫。想必这书生花了不少工夫。”于是爽快道：“我要了，多少肯卖？”书生报价后，老板欣然付钱。

画院中花鸟画派实力强劲，李端以梨花鸠子称善，李从训以傅彩精妙见长，李安忠善画捉勒（鹰鹘之类），各有专攻。林椿从一群人中脱颖而出，从取法和写生中寻找自己独特的“闪光点”，独树一帜的院体花鸟范式足以使其成为画院花鸟科的首席。果熟来禽，枇杷山鸟，海棠花株，梅竹寒禽，统统化作林椿功成名就的利器。淳熙末年，官家特赐林待诏金带一条，林椿成为鲜少获此殊荣的一员。而他喜爱风雨中在园林写生的独特行为，为其更添一丝艺术家的神采。

# 第五章

# 宫廷与美景：交织的诗与远方

## 小丫鬟与淘气包的比试，败者“浪子回头”

在钱塘一片住宅内，有个小孩在院中一角面壁思过。父亲走近，严厉地责问：“你可知错？”小孩眼圈泛红，强忍泪珠答道：“嗯，孩儿知错了，不应该如此淘气。”继而，父亲苦口婆心地说：“孩儿，爹是为了你好。少壮不努力，老大徒伤悲啊。”末了，又语重心长地补充一句：“莫学隔壁的马远，听到没？”

马远，邻里皆知，是个名副其实的“画四代”。他出自书香门第，同寻常百姓相比，好歹有几分家门优势，邻里却皆以之为反面教材，认为马远是另类的“别人家的孩子”。他不凭才学扬名，却因贪玩出名，捉麻雀，斗蛐蛐，爬树上墙，调皮捣蛋，无师自通，学习却是三天打鱼，两天晒网，虽然天资聪颖，但屁股总像是抹了油似的坐不住，背诗故意牛头不对马嘴，气得老师吹胡子瞪眼，因而他挨的戒尺一双手也数不过来。“莫学马远”四字一度成为邻里间心照不宣的口头禅。

春末，马远家中院子里的桑树挂满了桑葚，像女子发髻上簪戴的小灯球，煞是可爱。他站在自家院落的桑树下，望着白中带红的桑葚，眼巴巴地咽了口唾沫。即使心知桑葚未成熟，马远仍迫不及待地摘了颗尝鲜，酸溜溜的滋味从舌尖蔓延开来，让他浑身一哆嗦，却笑开了花。

暖风轻抚，转眼嫩叶翠绿欲滴，枝头挂满了桑葚，红得发紫。摘一捧，手上免不了挂几分紫，一口下去，甘甜爆汁。

从私塾归来，马远急匆匆地往院子跑，想一品果子的甜美，谁知却见到这样一幕：一个小丫鬟踮脚使劲去够一丛树叶，她熟稔地一手将枝头往下压，一手不紧不慢地摘着一簇桑葚。心心念念的桑葚被人抢先一步，马远气急败坏，一手叉腰，一手指小丫鬟，气呼呼地指责道："南院北邻近居，偷摘人家桑葚子，羞也不羞也？"小丫鬟倒不生气，手上采摘不停，嬉皮笑脸地接招："东游西逛瞎混，不读今古圣贤书，丑乎可丑乎？"说完，捧着桑葚转身离开。

十岁的马远压根没想到大字不识几个的小丫鬟竟如此伶俐，不仅敢当面嘲笑他，而且对得条理工整，令他毫无反驳余地。刹那间，马远脸"唰"的一下红了，羞愧难当。

翌日，私塾内传来琅琅的读书声，平日里的淘气包一反常态，心无旁骛地学习，最不可思议的是，学诗最为认真。课间，同窗纷纷好奇地询问，马远却像被夹了尾巴的猫，闭口不谈，不知被什么刺激到了。起初，大人们皆不以为意，只当其一时转性，迟早露出"狐狸尾巴"；谁知马远风雨无阻地学习，真摇身一变成为好学生，画艺和文学修养皆大有精进，家人悬着的心终于放了下来。

半年后，“马远”大名仍在邻里间传播着，只不过“看看人家马远！”成了新一轮的口头禅。

## 撷取一味诗意入画

一日午后，私塾内众人伏案绘画，落在素绢上的笔墨点点，勾勒出山水轮廓。马远从画轴中取出昨日所作之画，横看竖看，将其搁置一旁，失去了动笔的欲望。

马远从“问题学生”变为“重点关注对象”，私塾先生一眼发现异样，以戒尺轻敲桌面，示意其动笔。马远却愁眉苦脸，提笔勾染几下，画画停停。先生正色道：“待会儿留一下。”

夕阳西下，云霞飞度，同窗业已归家，空荡荡的私塾只剩下两人。“今日见你动笔迟疑，遇到什么难题了？”先生右手不紧不慢地敲着桌，歪头问道。“先生，如何让画技再上一层？学生苦苦思索，仍无眉目。”马远大胆吐露心声。先生停住手下动作，思忖片刻后笑道：“以画技论之，你超出同龄人不止一星半点，却仍力求上进，先生深感欣慰。”他轻拍马远肩膀，继续说：“作画如做人，亦讲究文质彬彬，内外兼修。多看、多记、多学是基本功。”先生话锋一转：“然而，所见、所感和所现三者通常并不对等，生活是创作的源泉，而作画则需将所见之物高层次输出，理应多加琢磨。‘诗画本一律，天工与清新。’苏轼先生如是说。平素见你喜诗，不妨以之为突破口。”闻言，马远若有所思地点头。

腹有诗书气自华，诗意散发离不开肚中“墨水”含量。马远自觉地从诗词中汲取营养，兼修绘画理论。恰巧苏轼足迹遍布临安，马远便沿着苏轼游踪，或踏青柳堤，或泛舟湖上，从游玩中发现自然之美，从生活中寻找诗意的灵感。

## 在留白中将诗意进行到底

改掉从前一味调皮的习气，马远充沛的精力无处发泄，便转移目标，师法李唐，学习时下最流行的一角式构图和斧劈皴技法。

由于绘画功底扎实，马远临摹数十张后，便领悟几分技巧。略有长进后，他好奇心作祟，或在留白处添几笔，在水墨浓淡间掩盖，或有意将一撮留白挪动位置。水墨渐渐在素绢上干去，经过一幅幅反复实践和对比后，他惊奇地发现："南宋院体山水画的魅力与'留白'有着千丝万缕的联系。差之毫厘，谬以千里，留白不等于空白，留白的位置更不可随心所欲。"

于是，马远停笔陷入思考：绘画时，留白离不开人为因素，取决于画家的审美体验。诗歌以"不著一字，尽得风流"为贵，读诗越多，越有共鸣。这种含蓄正是一种"留白"。二者同理，不露痕迹是留白的重点，留白处理的诗意横生是难点。

这一新发现瞬间勾起马远的创作欲，在一次次尝试中，他对留白锲而不舍地加以更正、创新。于是，马远画风突变，章法剪裁大胆，笔墨越发严谨，注重留白的艺术性，最终实现留白和诗意的融会贯通。

经年累月，马远画有所成。他试探性地将不署名之作交给书画铺贩卖，瞬间备受瞩目。民间仰慕者众多，众人对其身份更是好奇。

在店主指认下，有人识出马远。于是，"马远"

之名从邻里红遍整个临安，成为一众仿效李唐者中的佼佼者。

入夜，宫廷内，官家手执画卷，问道："何许人士，不仅将李唐学得炉火纯青，而且又有突破性创新，留白处理得诗意和谐？"进献者道："此乃马远所作，马远为马待诏之子。""哦？竟是马待诏之子，马家果真人才辈出。画院有此栋梁，必将如虎添翼。"官家连夜下令，将马远纳入画院。

马远不靠父辈声名，凭实力轻松进入画院。在画院，他一路顺风顺水，恩宠不断，当仁不让地成为院中独步。

## 西园雅集，道不尽的风流韵事

马远追随苏轼身影，从品味诗词走进苏轼的生活场域，"不恨此花飞尽，恨西园、落红难缀"。他对"西园"并不陌生，这是苏轼笔下常见的意象，也是曾经真实的存在。

百年前，苏轼、黄庭坚、秦观、米芾等十六位风流人物齐聚西园，这一次历史性的风雅际会流芳千古，堪与兰亭集会媲美，令后人景仰，更成为文人、画师乐此不疲的创作素材。

为了瞻仰前人风采，马远特地从内府借调李公麟所绘《西园雅集图》进行观摩。沉寂的画卷缓缓铺开，画纸微微泛黄，而人物神情气度依旧活灵活现。他暗暗折服：文雅之士譬如星辰大海，即使时空变幻，俯仰间亦不掩其名士风度。马远从头至尾，不放过任何细节，细细观摩。最后驻足于米芾题跋："水石潺湲，风竹相吞，炉烟方袅，草木自馨。人间清旷之乐，不过于此。嗟呼！汹涌于名利之域而不知退者，岂易得此耶？”

马远产生了临摹的兴趣，跃跃欲试。于是，他古为今用，将雅集之事向旁人徐徐道来。

石桌上摆放着各式器具，松下三童子，分工明确，各忙其事，似在烹茶。不远处，青松下有一高士和小童走在小径上，周围山石环抱，松树青幽。左侧另一条路上，一高士衣裳半敞，朝着相同方向前进。松柏掩映下，一高士席地侧身而坐。

前方是一片平坦开阔的空地，众人雅聚一堂，围着一张长桌，沉浸在欢乐气氛中；他们或坐或站，围在一起，神态各异，却不约而同地将视线转向提笔的那位高士身上。有童子发现路上宾客，一个回首凝望，一个则拉扯着衣袖将消息传达给身边人，身旁贵妇人和雅士随即转身回望。

在烟柳垂丝处，一汪湖水恬静，湖上有座小桥，苏轼策杖欲穿过，两童子从其后，一携琴，一捧扇。楼台水榭内，一童子侧身而坐，环境清幽、寂静。

巧妙的是，此处苏轼和画面最左侧高士相对着行进，将视线焦点对准“雅集”场域，突出了重点，将事件推向高潮。不难想象众人聚齐后吟诗作对，清谈阔论，碰撞出思想的火花，定然是文坛一幸事。

目光继续向画面右侧推进，矮树瘦竹，清秀繁芜，坡岸处两童子负担而行。在一片开阔的湖泊中，船夫似乎听到对岸的呼唤，撑篙前往对岸。对岸数只驴，驮着行囊，旁有二人肩扛大物件，一人则驱赶驴群。四周景色清疏平远。

从热烈的开场到接近尾声，在时空过渡中，马远全面表现了一个生活场域。他善于把握节奏和人物，布局张弛有度，节奏分明，自左向右，从雅集场所的“密”逐渐过渡到山湖之景的“疏”。横向情节迂回曲折，纵深空间内也自成风景，丰富画面的层次感和立体感。处理人物，特别是人物密集时，能妥善处理人物举止神态，考虑人物性格和心理情感。笔墨灵动细密，从细节勾点而形神俱备。画中人与自然和谐相依，无不透露着雅趣和诗意。

临摹不是复制，它掺杂了画师的主观情感，具有独创性。“西园雅集”成为创作母题，早已屡见不鲜。马远另辟新意，融入怀古之思，倾注个人情感和精神解读，再度艺术加工，创造性地融入江南景色为背景。

〔宋〕马远《西园雅集图》（局部）

## 华灯初上，“局外人”眼中的宴饮之乐

开禧三年（1207）正月十四，杨皇后在宫中散步，行至德寿宫，见几株梅花从宫墙探出，占尽风情。她一时兴起，对随行内侍吩咐道：“明晚酉时，本宫将于此办一场赏花曲宴，你且安排下去。”紧接着，她向左右报完宾客名单，转身离去。

翌日，宾客大步从台阶跨入，纷纷入席，宫内灯火辉煌，热闹非凡。列席者乃皇后父兄及数名近臣，马远作为画院御前供奉也在受邀之列。这也与马远同皇后关系十分密切，备受皇后信任有关。

华灯初上，曲宴开始，桌上琼浆玉酿，珍馐佳肴接连上桌，盘边鲜花点缀，一应俱全，精致又豪奢。宾客之间觥筹交错，谈笑风生，其乐融融。

虽是私人聚会，但因父兄为国立功，皇后特意安排了歌舞助兴。酒酣耳热之际，皇后望着宫外，笑眼蒙上几分醉意：“花前月下，切不可辜负此等良宵美景。这宫中梅花生得极好，待本宫更衣后，赐梅一株，与卿同乐。”宫女将准备的梅花捧送至官员面前，皇后移步，来到父兄面前，含笑亲自为其簪花。

众宾客簪花后，齐齐谢恩。曲宴散席，众人簪花各自乘车离去。马远坐在车内，闭目养神。车外欢声笑语不断，他不禁掀开一角帘，探出头来，感受着浓郁的节日气息。沿着寿安坊一路往下，穿过街衢巷隅直至众安桥，到处张灯结彩，灯火通明。此时，各色花灯琳琅满目地陈列着，惹人心动，煞是好看。

街上人头攒动，罗绮金翠，还有来往的宝马香车。

女子妆扮应时而变，玉梅、蛾儿、灯球等，袅袅满头，小灯笼插在发髻上，上元“专属”步摇，娇俏的步伐下晃晃悠悠，真是玲珑可爱。社火、戏剧、滚灯、舞龙灯等节目如火如荼地上演，观光之人沉浸其中，小摊边有数十人聚在灯笼下，兴致盎然地猜灯谜。

“砰，砰砰”，烟花不停歇地在空中璀璨绽放，一时间火树银花。

望着人来人往，看着一张张笑脸，马远身在其中却又游离在外。他触景生情，忽然灵感乍现，于是脑海中开始构图——

一座殿宇华厦，室内灯火通明，隐约可见几位官员屈身陪侍。除此，堂内幽深不可窥测，前庭梅树十余棵，数名宫女执灯，于梅林中婀娜起舞，舞姿曼妙动人。梅枝横斜逶迤，不见花枝招展，却姿态万千，似乎也翩然起舞。殿后远山黛眉，渐渐隐于雾色之中，只有近处几株松树矗立，枝干虬曲有力，足见“拖枝”技巧。

马远匠心独运，不以直观感受来描绘宴饮之事，而是通过局外人的角度来窥见宫内情景，借着殿外摇曳生姿的树木和墨色浓淡烘染出的雾色变化，来烘托宫廷宴饮的欢乐盛况。

马远将此图呈给皇后过目，皇后心领神会，酝酿片刻后，提笔写道：“朝回中使传宣命，父子同班侍宴荣。酒捧倪觞祈景福，乐闻汉殿动欢声。宝瓶梅蕊千枝绽，玉栅华灯万盏明。人道催诗须待雨，片云阁雨果诗成。”

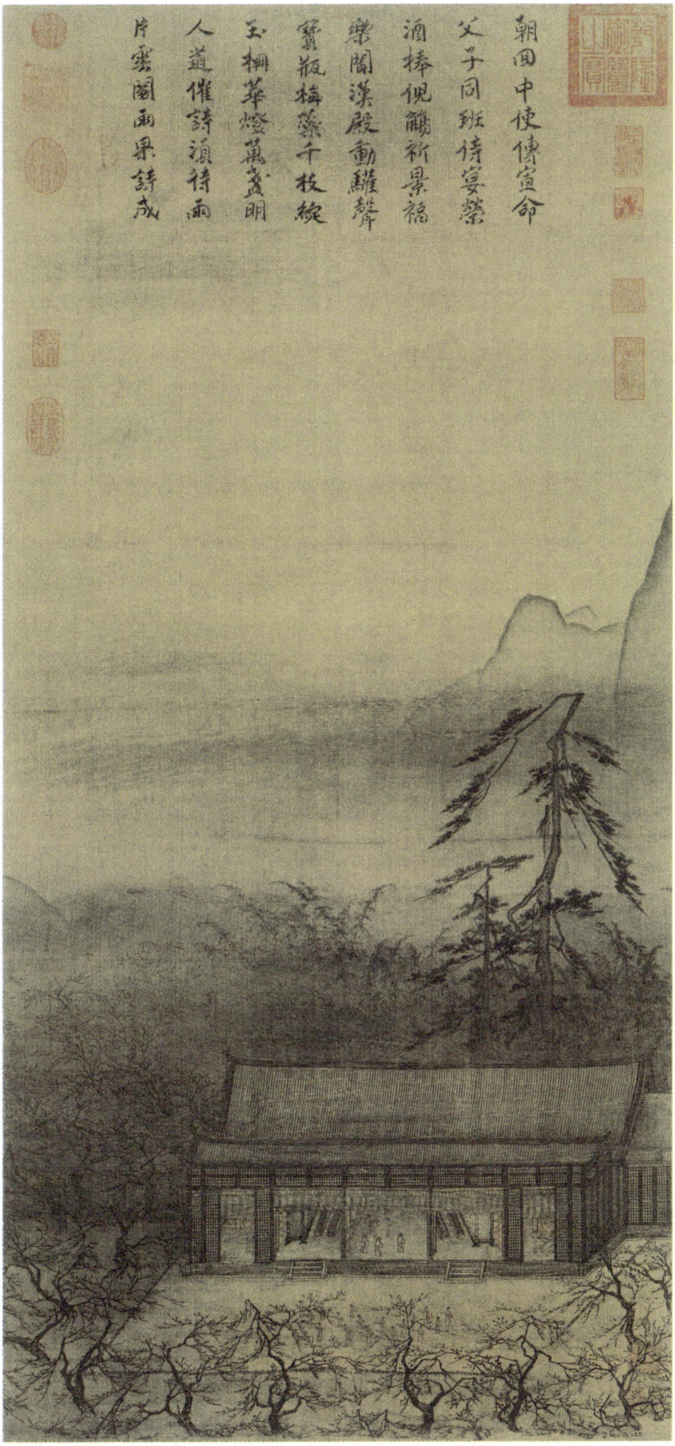

〔宋〕马远《华灯侍宴图》

## 水图能保佑免于火灾？真实还是玩笑？

嘉泰元年（1201）三月，正是春暖花开时候，临安接连几日未下雨，空气中的水分好似被风刮干，令人口干舌燥。

在寸土寸金的都城，居住着百万人口，街巷湫隘，时有“蜗居”现象，平均十平方米就住了两个人，更有甚者，一间寻常铺子，里面竟住着十户人家。

夜色渐渐漫上远山，几家灯火点亮，皇宫以北几里外，有一间窄巷，一男子刚从酒肆归来，手持油灯，扶着墙挪步向前，“啊嚏——”，一个踉跄，油灯倒向墙，点燃星星之火，瞬间以燎原之势蔓延。男子意识尚模糊，揉了揉鼻子，突然一个激灵，连滚带爬地跑了，哪还有什么醉意。“走、走水了。快跑！”男子自顾不暇，失声大叫。

以竹木建成的席屋，但凡见着一点火星，便会很快点燃。此时，一阵疾风吹过，顺势助推了一把，顿时“噼里啪啦”地响，火势蔓延，一个时辰内数万家付之一炬。大火一路贪婪地吞噬着，正伸着罪恶的魔爪向皇宫进军，御史台、司农寺等皇家机构也被焚毁，半边临安湮没在一片火海之中。春风渐暖，寒意却齐齐涌上众人心头。

望火台上，士卒四周瞭望，一发现火情，赶忙通报。潜火队穿上火背心，带上消防器具，八百余人急行奔驰，不遗余力地救火。奈何大火来势汹汹，众官兵与其不眠不休地鏖战四天四夜，终于扑灭，战况惨烈。

璀璨都城，短短四日，目之所及已变成了一片废墟，满目狼藉。这场熊熊大火，殃及五万余家，慌乱中，你推我搡，踩踏造成事故升级，枉死者不计其数，哭喊声悲惨凄厉，不忍卒听。火灾波及方圆十里，皇宫及以北一带也成为重灾区。有逃生者甚至跑去西湖边躲避，而文武百官则因大火烧毁官衙，不得不赁船而作。临安城内元气大伤，一度陷入阴霾，到了“谈火色变”的地步。

此后，官府焦头烂额地忙于商讨重修重建的措施，整个临安百废待兴。

有人谏言：“听闻常州寺佛殿一处，有徐友画，兵火间寺屋尽毁，而此殿巍然独存。”官家忙不迭道：“何其故？”那人解答：“徐友之画乃水壁，波浪起伏间尽得水势，奇妙至极。且五行之中，‘水’与‘火’相克。宁可信其有，不可信其无，窃以为可命人效仿徐友画水图。”官家若有所思地点点头。

回到寝宫，官家同皇后谈及此事，皇后甚为赞同。于是，在官家授意下，皇后令画院最负盛名的马远负责水图绘制一事，意欲将其作为模板，在素壁或屏风上临摹。

画山容易，画水难，一掬水须得其势、品、韵，缺一不可。马远紧赶慢赶，谁知半月后，一场大火卷土重来，再次焚毁两千余家民居，波及一万余人。火灾隐患不容小觑，皇后再次敦促马远尽快完成。

千呼万唤始出来，《水图》一出场便令人眼前一亮，瞬间赢得皇后欢心。她既虔诚又欣赏地为每幅画题字，并将其赐了大两府（中书和枢密院）。

一卷《水图》十二段，每一段皆以“水”为主角，得之水性，毫不空洞乏味，数缕波纹，而情态各异：平静、涟漪、跳跃、汹涌，伴随着四季更替，阴晴变幻，潮涨潮落。

“洞庭风细”中，线条细密柔婉，波澜起伏，水天一色；“层波叠浪”中，颤笔粗重，浪花高涌，奔腾不息；“寒塘清浅”中，回旋起伏，水滩石露，清浅流动；“长江万顷”中，浪尖渐虚，浩浩汤汤，奔流到海；“黄河逆流”中，线条粗重，波浪席卷，激荡咆哮；“秋水回波”中，双勾线形，湖水浩渺，静若处子；“云生苍海”中，远处虚化，云遮雾锁，涛声依旧；“湖光潋滟”中，线条轻快，水波不拘，脉脉生辉；“云舒浪卷”中，浪头轻颤，云雾缭绕，洪波泛起；“晓日烘山”中，红日远山晨雾，清静宁和；“细浪漂漂”中，鱼纹渐淡，海鸥翱翔，风平浪细……

《水图》一出，“马一角”的名号正式坐实。与同时代众多山水画不同，它是特定时代精神和历史情境综合作用下的产物，集中体现了南宋防火意识，寓意防火防灾，饱含了南宋人民共同而殷切的祈盼。

## 且行且踏歌，丰年人乐中的祥瑞之气

> 南方风俗，中秋夜，妇女相持踏歌，婆娑月影中，最为盛集。
>
> ——《宣和书谱》

如果说有一种娱乐能感染多数南宋人民，让他们不自觉舞动，唱响轻快的歌，共处欢乐活泼的气氛之中，则非“踏歌”莫属。

瞧，在乡间田垄溪桥上，四位老者踏歌而行。他们似在行旅之中，前后相跟，姿态各异。领路老者右手倚杖，摇身抬腿，回首望身后同伴，见其模样逗趣，不禁左手挠头，神情憨态可掬。只见他身后不远处的老者，神情激动，双手鼓动节奏，双足蹬踏，依节拍律动，似乎一

〔宋〕马远《水图》（局部）

点也没被抓着他腰带的老者搅乱兴致；而紧跟着他的老者，弓腰屈膝，抓着他的后腰带，也不自觉地扭动身体，活脱脱一个老顽童。最后一位老者头低垂，身前倾，肩挑细竹竿，竿上悬着个酒葫芦，随歌踏行。四人兴致盎然，举止和谐欢快，似要将“踏歌声度晓云边”。

老者们沉浸在愉悦中，全然不知这一切都落入路边两个儿童眼中。他们正惊奇地瞧着踏歌而舞的老者，一幼童拦着同伴，贴心地为老者让路，充满童趣。一片春禾，也随着踏歌声摇曳起舞，生机盎然。耕牛于田间劳作，为金秋的丰收耕耘着。巨石好似被春雨滋润过，清亮坚硬，盘卧在阡陌之间，柳树苍老硬挺，垂枝稀疏，枝干细长高扬，一旁翠竹横生，交相掩映，无处不是人间生气。

老者们处在欢乐中，竟不知远处有那般世外仙境。云雨初霁，轻雾将数棵青松环绕。云深之处，似有廊桥蜿蜒，宫阙玉宇，若隐若现，富丽精工，露出红瓦飞檐。一抹朝霞溢彩，梅树株株傲然挺立，白蕊新放，一弯溪水潺潺。奇峰突起，峭拔险秀，与远峰遥相对视。若非柳树枝丫穿透云层，必会令人误认是何方仙境。

“宿雨清畿甸，朝阳丽帝城。丰年人乐业，垅上踏歌行。”官家细细端详了这幅《踏歌图》，笑呵呵地一边题字，一边说道：“画中人尽显民间踏歌之乐，得好好珍藏。”官家的肯定让身旁的马远顿觉满足。

这是他将全景式构图和边角式构图共置的一次成功尝试，画面整体偏向于全景展现，画作中部的烟云似在变戏法：乍一看，以为是烟雾缭绕，再一看，其实是一片留白，马远只用几笔衔接，瞬间幻化成一片变幻莫测的烟云，透出飘忽不定的空灵感。可别小瞧这留白，它以一己之力分担了山石同处一侧的厚重之感，实现了视

〔宋〕马远《踏歌图》

觉平衡。

山石以大斧劈皴，秀峰间以长披麻皴，磐石嶙峋，下笔遒劲果敢，以重墨皴擦，画出棱角分明，间以淡墨刷出纹理、阴阳向背，以简笔勾出一抹淡淡的远峰。大笔渲染下，又有翠竹的工笔细描。总之，画中刚柔俱备，粗中有细，动静皆宜，虚实相生，尽得自然之奥妙，又洋溢着欢乐祥和的气氛。

画面的清新洗练，意境的高远清旷，人物的怡然自得，均是南宋太平盛世下丰年人乐的表现，难怪官家爱不释手。

### 另类的渔翁：孤舟蓑笠翁，独钓寒江雪

南宋，是理学兴盛的时代，宋人注重修身养性，内省心性。

〔宋〕马远《寒江独钓图》

一日下午，马远正欲焚香而坐。窗外，马麟正在摇头晃脑地背诵柳宗元的五言绝句《江雪》：“千山鸟飞绝，万径人踪灭。孤舟蓑笠翁，独钓寒江雪。”

声音渐渐远去，马远沉浸在冥想之中。千山之中，大江之上，一个渔翁更显渺小而平凡，但在《江雪》诗中，苍茫阔远的雪景却衬托出渔翁的独特心境。自古以来，渔翁形象大多置于渔舟唱晚等“渔隐乐”或辛勤捕鱼等“渔樵苦”的情境之中，江边多为桃红柳绿、黛山云烟等风景……

马远一跃而起，提笔而作。他取画面平远之势，将山水人物画中的“点景小人”变为主角，用严谨的铁线勾画后，一个渔翁跃然纸上。

江中钓鱼的老翁撑着一尾鱼竿垂钓，独坐于小舟最左端，身子微微前倾，静待鱼儿咬钩。船头似乎受力，故而船尾高高翘起。船桨靠在船舷一侧，中间是船篷，边上盖一身蓑笠，渔翁备此以抵御雨雪。

马远以淡墨画几条温柔起伏的水纹波澜后搁笔。画中的渔翁有些“另类”，风景消失在画纸上，几乎所有的笔墨线条都聚焦在渔翁身上，仿佛世上仅此一人，也任凭他独自来往于天地间。

正如苏轼所言：“静故了群动，空故纳万境。”画上看似空空如也，却最大限度地体现了计白当黑的技巧，仿佛能从渔翁蜷缩的体态中感受到外界的寒意，营造出浩渺空旷、萧索孤寂的意境。就连技法上也不见了马远的“拖枝”、皴法等痕迹。

马远心满意足地道：“摈弃了牵绊，这心中的天地便广阔起来，一个人无拘无束，放空身心，岿然不动。”

此画从“孤舟蓑笠翁，独钓寒江雪”二句中抓取“独”“寒”诗眼，并同“千山鸟飞绝，万径人踪灭”暗合，是马远从“无我之境”向“有我之境”迈出的一大步。大音希声，大象无形，是谁缄默了喉间的声音，却在思想上推敲琢磨，掷地有声，执着于抒发己见，寻求内心的审慎自省和自我意识。

回头再看渔翁的凝神专注。他钓的是鱼儿，是雪天，还是那份独有的心境，不得而知。唯有画中空旷平远，留给后世无限的想象空间。

马远是家族绘画的“继承者”，更是时代潮流的“引领者”，“诗中有画，画中有诗”是马远画作中不变的美学追求。他与宫廷尤其是杨皇后交集日渐深厚。杨皇后是马远一生中的大贵人，她赞助马远的创作，为其题诗唱和，给予他最大的尊重。同时，马远潜移默化地受到宫廷审美倾向的影响，因而，他绝大多数的作品都透着富贵、矜持的韵味。当然，高超的画技是令其画作千古流传的最根本原因。

一抹诗意，“一角式”构图和几处留白，宫廷供奉生涯……所有这些交织出马远的画意人生，是马远创作的重要秘诀，助他一路乘风破浪。

# 第六章

# 隔行如隔山？看跨界画家全能创作

## 木匠的春天：初遇画院待诏

淳熙某年八月初，透蓝的天空顶了一个“毒”太阳。偶尔一只小鸟无力地飞着，寻找大树的怀抱。它哪里知道，大树也正无精打采呢，叶子纷纷蜷缩了起来。唯独“知了，知了”声声不歇，仿佛有叫响整个夏天的野心。

青石板被烤得直烫脚，行人纷纷躲到屋里避暑，抱怨声此起彼伏。只见一短衫男子东拐西拐后，停在一扇木门前，“哼哧哼哧”地粗喘着，问道：“请、请问李嵩在吗？”“在呢。”李嵩边忙活，边朗声答道。

话音未落，男子侧身闪进，一股热浪劈头盖脸地冲过来，令人躲闪不及。他抹了把汗，声音喑哑：“我是李从训家中仆人，府内书桌被老鼠咬坏了，劳烦你晚饭前去修一修。”“行，忙完就来，我知道李待诏家在哪里。”李嵩爽快答应，手上的活儿没停下来。

男子一头扎进另一片炎热中，随口吐槽：“这鬼天气可真热啊，不想这屋里头更热。”身后，李嵩身穿短褐，脚边一地木屑，亦是汗流浃背。完工后，他蹲在地上，捧起一堆刨花木屑，津津有味地摆弄着。

傍晚，李府传来一阵“笃笃笃”的敲门声，仆从应声，领他进门。李嵩见府内花鸟池鱼，草木清幽，处处传递着主人的品位和雅致。此时，从画院归来的李从训正于凉亭休憩，见李嵩入内，亲切地打了声招呼。李嵩身子有些僵硬，结巴着：“李待诏，您、您好。”随即赧然一笑。

走到书桌前，李嵩放下工具包，熟练地用绳墨一量，一劈，一刨。一串动作下来，行云流水，木屑纷纷飞扬，脚边木屑卷卷像花朵，瞬间堆积起来。紧接着，他用砂纸反复打磨和抛光，去除表面的毛刺和瑕疵后，又用刷子在木料表面染色……

处理完，李嵩习惯性地捡起些“边角料”，在旁边不知拼着什么。

李从训进屋喝茶，一眼就瞧见了蹲在地上的少年。他走近一看，发现地上有一堆形成一幅图案的木屑，明眼人一瞧便知是幅“断桥残雪”。刹那间，李从训眸光中闪过一丝兴味，主动问道：“可是西湖十景中的断桥残雪？”“嗯，对呢。”李嵩抬头，愣了一下，继而答道。李从训好奇地追问：“看样子倒是有些技巧，如何想起用木屑作画啊？”李嵩摸着头，有些羞赧地解释：“小时候喜欢画画，十岁时，父亲不幸逝世，母亲因而悲恸不已，身体日渐孱弱，家里穷，实在供不起我去私塾学画。所以做木工学徒时，师傅去别人家修东西，偶尔带着我去打下手，瞧见过几幅画，习惯先用木屑练手，再用笔画。随手乱画，让您见笑了。”李从训朝少年摆手，心知少年是为节省笔墨纸砚，鼓励道：“别出心裁，画得不错，相信你今后定有所作为。”心中却对少年的遭遇五味杂陈。

回到家中，李嵩兴冲冲地往床榻奔去，朝卧病在床的母亲道：“母亲，你猜我今日见到了谁。”不等人答复，他自问自答道：“李待诏，是那个大名鼎鼎的李从训，他人可亲切了，还夸我哩。”李母见儿子恢复了少有的天真活泼，微笑而耐心地听他叽叽喳喳。

## 被木工耽误的画家，搭乘一辆开往画院的顺风车

两日后，李府仆从又找上门来，道：“小子，你走大运了。官人说愿意资助你去私塾学画。”李嵩又惊又喜。自此，他开始一边做工一边学画。日夜忙碌，使他面如菜色，脸庞愈发消瘦。李母心疼不已，但瞧见他发亮的双眸，也替他开心。

两条本无交集的平行线，却误打误撞地努力向对方靠拢，李嵩从李从训的关怀中感受到缺失多年的父亲般的温情，心中感动，下定决心更要加努力学画。

日子从指缝中一点点溜走，三年后，李嵩画技突飞猛进。他的作品颇有些灵气，且绘画风格多面，在画界初露锋芒。

一日，李从训表兄来家中做客，二人促膝长谈。聊及子嗣时，表兄单刀直入：“你年过半百却膝下无子，俗话说不孝有三，无后为大。难道不考虑收养一个？”兄长一席话，直戳李从训心中隐痛，他坦言：“养子？我同一人甚是投缘，这孩子与我同宗，且辈分相称，他品行端正，肯努力又有才华。”“那何不借机收养他？”表兄顺势提议。

李从训便和李嵩商榷收养之事，李嵩先是受宠若惊，而后又沉默一会儿道：“百善孝为先，母亲尚在病榻，

我……”婉拒之言未说完，李从训摆摆手，心知操之过急，遗憾地叹气道：“我一把年纪，也不强人所难，你若今后改变心意，可随时找我。这是我对你许下的约定。”

不久，李母病重离世，李嵩孑然一身，记起当年之约。他去李府拜见，李从训派人连夜开始准备，二人一早前往官府办理“迁户籍”手续。陆陆续续地，李从训的近亲也从家中赶来。

按收养流程一步步走下来，亲属对文书和议确认后，李从训又让邻居做个见证，以确保收养的法律效力。双方签署一纸立嗣文书后，李嵩名正言顺地成为李家合法的一员。李从训和表兄走到李嵩跟前，亲切地向他说道：“今后，你就是李家的一分子，有什么事，不用藏着掖着，爹和大伯永远是你的后盾。”

办完手续后，李嵩回到李府，看着眼前不一样的“家”，有些恍惚，总觉得既真实，又不那么真实。但他确信一点，今后可以专心绘画了。

翌日，窗外，草长莺飞，窗内，李嵩趴在桌上神游，用笔头有一搭没一搭地敲着脑袋。

“唔，第一次交画作给父亲，画什么合适呢？”李嵩有些苦恼，漫不经心地望向窗外——鸟声婉转，桃红柳绿，有一飞檐露出红瓦。“有了。”他灵光一闪，不紧不慢地找出一把界尺，一笔一画，完成他的专属“杀手锏”。

“父亲，画已完成，您看看。”李嵩把画作递给刚从画院归来的李从训。“嗯，线条笔直规整，这界尺你怎会运用得如此顺畅？”李从训问道。“先前做木工，每日用得最多的便是墨绳，久而久之就精通了，这界尺跟墨绳原理相似。”

这一问一答，让李从训有了意外的发现。他在着力挖掘李嵩界画的潜质，因材施教，将毕生所学倾囊相授之余，注重将李嵩界画的“先天”优势发挥到极致。李嵩勤于钻研画技，不意外地继承李从训的风格，成为一名全能型画家，因而顺理成章地进入画院。

## 童年的记忆：一个卖货郎带来的快乐

“风行俗成，万世之基定。”[①]随着南宋城市和乡村快速发展，民间成为画院取材的重要来源。其中，婴戏、行旅、田家、渔樵等使人物画一科丰富多彩。市井百姓成为画中主角，集中展示了南宋社会生活场景、风俗纪事。因而人物画受到各阶层欢迎。

李嵩自小在底层长大，对底层备感亲切和熟悉，因而他的目光更多地投向民间风俗和底层人民的生活。

一日，风清日朗，李嵩和友人一路走马观花，且听市井竞唱韵令。一卖货郎挑担路过，熟练地叫卖着：“卖果子、糕点、玩具也！有鲜润润明晃晃蜜渍过的人面子，也有甜蜜蜜香软软掺着金桂从胡记贩来的桂花糕，也有胖滚滚东倒西歪的不倒翁……”

友人用折扇挡着，低头小声嘀咕：“起初听得新鲜，久了却不由得烦躁，何况每每清晨，搅人美梦。”李嵩淡然一笑，没有反驳，凡事因人而异，何况友人发个牢骚。不过他倒是觉得这走街串巷小摊小贩的叫卖声亲切可爱，浓缩了临安市井生活气息和情调。他望着货郎远去，迅速将其货担上下扫视了一遍，那上面的小物件真是琳琅满目。“在这等我。”他匆匆说完，撇下友人，快步追上：

①〔汉〕班固撰，〔唐〕颜师古著：《汉书》。

〔宋〕李嵩《货郎图》



“货郎儿，等一下。”

折身找友人时，李嵩手上多了一个小巧玲珑的滚灯。友人从未见他玩这个，更震惊的是李嵩居然当街点起了滚灯中的蜡烛，扶着手柄，笨拙地滚动着向前。但他玩得有些生疏，火苗一下子熄灭了。友人见状，正张嘴似要说些什么，这时，不知哪儿来的小女孩，从人流中窜到李嵩身边，七八岁模样，绑着小辫子，伶俐可爱，身后还跟着一条毛茸茸的小狗。小女孩天真无邪地说：“官人不会吗？我来玩给你看呀。”一人一狗齐齐望着李嵩，他尴尬地将滚灯递给小女孩。滚灯如改头换面似的，在小女孩手中轻快灵活地滚动起来。

小女孩两边小辫子一翘一翘，不时发出银铃般的笑声。李嵩视线追随着，嘴角不自觉上扬，眼前浮现了他年幼时相似的一幕。

秋风习习，压弯了稻穗翘首以盼的身姿，却以一阵阵金色的波浪“夹道欢迎”走在乡间小路上的货郎。吆喝声四起，顿挫缓急，回荡在静谧的乡村上空。“咚不隆咚”，货郎手中的拨浪鼓转动，发出悦耳的声音。在村口嬉戏的小孩听见，“啊”的一声，立马回村呼朋引伴。他们一个个推着母亲过来，小腿蹦跶个不停，直围着货郎转，宛若节日般热闹。

彼时年幼的李嵩眼中，货郎虽一身粗布简衣，但却像一个移动的杂货铺，一副担子包罗了他的所有欢喜，吃喝玩乐，应有尽有，甚至有许多他不曾见过的新鲜玩意儿。货郎像是个会讲话的“万花筒”，嘴里尽是数不清的奇闻趣事，把李嵩带往外边的大千世界。他缠着母亲买了一个滚灯，然后拉着父母陪他一起玩。等自己玩得顺溜了，却又转头嘲笑父母。

“喏，会了吗？”小女孩踮起脚尖，把胖乎乎的小手里的滚灯还给李嵩。见李嵩不语，小女孩径自离开，身后的小狗尾巴一耸一耸地跟着。

与友人分别后，李嵩将滚灯放入书房珍藏，他提笔写道：“鼗鼓街头摇丁东，无须竭力叫卖声。莫道双肩难负重，乾坤尽在一担中。”

如今，李嵩不再是从前的懵懂少年，他对货郎批发商品后在走街串巷途中二次转手以获利的来龙去脉一清二楚。货郎被剥落神秘的外衣，然而童年时货郎带来的欢喜是不变的，它凝结在乡土气息中，在记忆中沉淀。

已身为画院待诏的李嵩对天真烂漫的童年记忆犹新。曾经那份纯真的快乐，值得一辈子回忆。于是，他把这份快乐用画笔记录下来，同时劝诫自己珍惜眼下的幸福。他作完一幅《货郎图》，最后在落款时，于画卷最左侧郑重落笔：“嘉定辛未李从训男嵩画”。

## 骷髅也会表演傀儡戏？

临安街市繁华，人来人往，在某个角落，一货郎低头表演悬丝傀儡戏，旁边仅二三人驻足观赏。李嵩瞥了一眼观众，有一素衣女子，绾发而未簪钗饰。他有些纳闷道："怎会在此表演？"他好奇地向前探看，只见货郎脸上蒙着面巾，戴着帽子，全副武装，双手被宽长的衣袖遮挡，但他依旧灵活地操纵着傀儡。这傀儡在货郎手中仿佛有了生命，惟妙惟肖地逗趣看众。

正当他看得津津有味时，忽然一阵狂风在狭窄的街巷四处乱窜，无意间刮走货郎的面巾，李嵩用手挡风，好心将其捡起递给货郎，抬头时，惊觉货郎竟是一副骷髅。李嵩当即吓得双腿一软，拔腿就跑。飞奔数里后，他回头张望，确认骷髅并未跟来，弯腰撑膝，大口粗喘，这才发现跑丢了一只鞋子。

他抬头环顾四周，树木高大繁密，不见天日，弥漫着烟雾。李嵩困于其中，寻找出路无果。见不远处的雾气中，一位女子孤身在坟前吊唁，用手绢拭泪。他觉得有些眼熟，迟疑地又看了几眼女子的着装打扮后恍然大悟——这分明是观傀儡戏时所遇女子。

"怎会误入此地，又怎会在此相遇？"李嵩打了个寒噤，心生恐惧。只见女子悠悠上前，娇柔道："官人莫怕。"李嵩闻言，丝毫不敢放松警惕，悄悄挪动几步，与女子保持安全距离。女子倒似不介意，不再向前，自顾自地缓缓道来。"坟中安葬者乃吾郎君，我二人家住清波门外五里处，门前有棵大槐树，树下有个秋千。我们本是郎情妾意，幸福美满。开春时，他同友人外出经商。"女子低头抽噎，断断续续道，"哪知飞来横祸，郎君出门不过数月，便传来噩耗。只听得人说遇北边战乱，再见时只剩一堆白骨。只怪命运捉弄人！偏让有情人经受生离死别之痛。”女子逐渐泣不成声。李嵩听得潸然泪下，安慰道：“人死不能复生，娘子节哀顺变。”继而道出心中疑惑：“刚刚在赏傀儡戏时遇见娘子……”“官人怕是瞧错了。”女子镇定地解释，慢慢向李嵩靠近，向他扑来……

李嵩惊呼而起，听着更漏声声，方知是梦，口中呢喃：“竟是骷髅面目。”他用衣袖一角抹去额间细密的冷汗，紧接着敞开胸口被汗浸湿的汗衫。他拿起床边的茶壶，喝了口凉水，对这魔幻的梦境仍心有余悸，难以入睡。

数月后，李嵩到清波门一带采风，途经一户人家，门前也有槐树和秋千，此景与梦境高度吻合。李嵩心中咯噔，向人探听得知这对夫妻出门经商时恰逢流年不利，双双丧生。李嵩唏嘘不已，折身返回时见到傀儡戏，一时间久久难以忘怀。他心生感慨：生死之间，哪能由得人来操控呢！

他特意用高价寻来澄心堂纸，稍加润色，作了一幅《骷髅幻戏图》，以记此事。

画中一眼可瞧见大骷髅，它头戴纱质幞头，身着透明衣衫，席地而坐，坐姿舒适随意。右手握着操纵架，正在表演悬丝傀儡戏。悬丝线下是一副小骷髅，咧着牙齿，似乎在说笑逗趣。只见小骷髅双臂前伸做招手状，上身前倾，左脚抬起，正卖力表演。对面一幼童伏地蜷腿，作扑爬之势，右手举起，似欲伸手抓小骷髅，天真活泼。幼童身后，一位身穿对襟旋袄的妇人，神情慌张，急伸双手似要阻拦。大骷髅身后左侧，有一哺乳妇人盘腿安坐，半袒胸，怀中一婴儿正吮乳汁，妇人侧脸，目光柔和，正注视着眼前之事，露出一丝淡淡的微笑。大骷髅右侧

〔宋〕李嵩《骷髅幻戏图》

斜置着一副担子，装有草席、雨伞、包袱等。乳妇身后筑一座砖砌的方墩台，台上正中插着一木牌，以楷体题着“五里”二字。

“生”是肌肤的弹性圆转，是淡色渲染、简笔留白下的光明；“死”是骨骼的刚健，重墨、浓染、密线编织担子下的阴森。

人生如戏，生与死之间往往一线之隔。大骷髅操控小骷髅，而大骷髅冥冥中又被无形之手操控。这样的“戏中戏”，不知谁才能看得清。

## 花朝节盛况与《花篮图》四重作

仲春十五日清晨，卖花担上早早插满了时季鲜花，有茶花、刺玫、迎春、海棠、牡丹等，它们簇拥着，挂着晶莹的露珠，朵朵娇艳欲滴。卖花郎沿街吟唱各色花名，叫卖声清奇可听。

“哎，卖花郎，慢着。”女子清亮的嗓音传来。卖花郎转身，只见一位花季少女，云鬟雾鬓，妆容精致，面容姣好，脚步轻盈地走了过来。她凑到担前，低头轻嗅，挑了几朵花，很快又满心欢喜地离去。须臾，花担上的花又少了好几朵。

女子手捧鲜花，兀自走向闺房，剪去部分花枝，一手擒着花，一边照着镜子，往发髻上簪花，并反复打量。

正当女子精心打扮时，临安街头已是盛况非凡了。众人争相出门，只为一睹百花齐放的盛景。上至达官显贵，下至平民百姓，在今日不约而同地簪花。一个个男子头上簪花，大摇大摆地出游，若恰好与某位姑娘撞了花，视线交汇时，相视一笑。文人雅士则寄情花木，以花会友，以花赋诗，吟出“海棠脉脉要诗催，日暮紫绵无数开”的感言。

花朝会使繁华的临安整日散发着自然而浓郁的芬芳。“赏花”成为一大赏心乐事，洋溢着美好的憧憬。

李嵩也赶潮流，出门前随手簪上一朵花。一路上，他边欣赏“人面桃花相映红”，边哼着小曲走进宫内值班。他刚进宫，官家便下令命他画时令插花图。领旨后，李嵩径直往四司六局走去，不禁想起陆游《插花》一诗：“有花君不插，有酒君不持。时过花枝空，人老酒户衰。……”

插花是一种享受，实际上，宫廷日常也会插花，且多用以装饰摆设。如今恰逢花朝会，规模排场更甚，四司六局里里外外忙翻了！择花、摆盘、上桌，花宴前的准备如流水线般，精致而容不下任何差池。李嵩左脚跨过排办局的门槛，往里一看，见几位专职插花的宫人正在准备。他也不插话，静静坐在一旁观赏插花的整个过程。

挑花、剪枝、插花，一步步有条不紊，宫人们一致地选择宫廷当下最时兴的隆盛花型，将花卉一朵朵参差错落地插上，颇有韵味。花篮以竹子编制，“无竹令人俗”，当竹子的清雅脱俗遇上花卉的娇俏动人，两者相得益彰，和谐自然。隆盛花型以“隆盛篮”盛花，用隆重方式来展现四时更替、表达节日祝福，寓意祥瑞，体现了宫廷审美风格。

一整日，所见所闻皆为花，李嵩沉浸在这种美好的气氛中，身心愉悦，创作时自然得心应手。

〔宋〕李嵩《花篮图》（春）

构图时，李嵩将花篮居中，整体呈三角形构图。他匠心独运，将五种花卉分为闻香和赏色两类。花卉穿插繁密却错落有致，颜色鲜艳却不跳脱，线条严谨却不显板滞。花朵盛开、半开或含苞欲放，形态多样。其中，大朵白碧桃占据花篮的中心位，撑起了整个画面。左侧穿插几株紫色垂丝海棠和连翘，右侧则插入几朵黄刺玫和林檎，又以叶子参差点缀，花叶逶迤蓬勃，衬得鲜花娇嫩。花色以黄色、粉紫色为主，色调高贵奢华，与整体有所呼应，又不失娇俏动人。就连编织的竹篮上，李嵩也下了功夫，花纹清晰可见，细致精微，不喧宾夺主。

官家第一眼看见《花篮图》，就觉得画面形象活泼又饱满，富有春天的自然生机，又透着浓丽雅致。其中，花朵颜色、大小、穿插的技巧在平衡画面的同时又显示层次感，足见其艺术功底。官家被画中的插花之美所感染，于是，《花篮图》夏、秋、冬主题的创作被默默地安排进了李嵩的工作日程。

## 国运多变，终难“岁岁观潮乐”

嘉定十三年（1220）八月十八黄昏，李嵩已近暮年，他站在高楼，望着钱塘江。去年今日，置身观潮之乐，而今遥望此景，物是人非，心中已是另一番滋味。

犹记得前一年八月十五，人人笑靥如花，于江边放灯祈愿，数万盏灯，火光摇曳，照得江面光彩动人。月夕（中秋）是临安狂欢的前奏，每逢农历八月十六至十八日，钱塘江潮最为壮观。自定都临安以来，观潮成为一年一度的全城盛事，更留下“岁岁观潮乐”的盛赞。

八月十八，清风未起，宫桂千层绿叶，万点花黄，四处飘香，袭人心怀，沁人心脾。“起驾。”内侍一声令下，车驾倾宫而出，文武百官从驾于后，阵势浩大。

当宫中君臣前往观潮处时，沿江十余里，车马辐辏一路排开，数千顶帐篷紧挨着，万头攒动，小摊上吆喝声一浪更比一浪高。其中，来往观潮者多手捧一碗京粉头，只听得小贩叫卖道：“不尝京粉头，咣会看潮头；吃过京粉头，观潮有劲头。”民间观潮百态，一览无余。

而皇室及高官却是另辟观潮胜地。在临安水道最繁忙的闸口，屹立着一座浙江亭，此时已披红挂彩，静候贵宾。官家及后宫内眷下辇后，步入浙江亭中观景，其余官员则于就近潮景房静待潮起。

潮水未至，海军先行。上千艘军舰横列江面，旌旗招展，遮天蔽日。一声令下，操练表演开始，水军舞刀弄枪，声如雷震，气势非凡。“砰，砰砰”，数声炮火划过天际，五彩烟雾瞬间在江面弥漫。待烟雾散尽，江面重归空旷。海军表演带来的激情尚未退去，“弄潮儿”争先恐后出战，他们手持十幅大彩旗，出没烟波浪里，腾身百变，一比高下。

“看，涨潮啦！”有眼尖者喊道，人群中顿时欢呼沸腾。说时迟，那时快，只听得“轰”的一声，海水从喇叭形的钱塘江口倒灌，浪潮从一线白浪，“既而渐近，则玉城雪岭际天而来，大声如雷霆，震撼激射，吞天沃日，势极雄豪”[①]。这汹涌澎湃、气吞山河的气势，瞬间盖过喧哗声。

李嵩随驾观潮，他在官家授旨下画《月夜看潮图》，以记录观潮盛事。画中一轮皓月当空，浪潮卷涌，一字排开，犹如千军万马奔驰而来。不见车水马龙，也不见人海茫茫，一座楼阁临江而立，半掩一角，有人倚栏屏息，有人站在楼阁中间翘首以盼，情态各异。而月影银涛之下，孤帆天际，好似已经历一场乘风破浪。远山一痕，一派静谧祥和，意境有如“寄语重门休上钥，夜潮留向月中看”（〔宋〕苏轼《八月十五日看潮五绝》）。他下笔忠实于细节，不用界尺而线条笔直，楼台转折有致，真切生动……

李嵩沉湎在旧人旧事中，不知不觉风转凉，“呼呼”作响，浪潮“哗哗”声不断，无情地拍打着江岸。往日的欢乐一去不复返。今时，金兵再次入侵，战火绵延，波及无辜百姓，有多少人痛失亲人，流离失所，哀嚎遍野。

他满腹心事，望着日落西山，潮涨潮落，长叹一声。

①〔宋〕周密：《武林旧事》卷三《观潮》。

李嵩触景生情，画下一幅《钱塘观潮图》。今非昔比的落差，让李嵩心境流转，如实地反映在《钱塘观潮图》中。一水两岸，钱塘江江面平直宽阔，一望无垠。画面上，浪潮自左向右奔涌而来。两艘帆船在江中行驶，近岸，屋舍鳞次栉比，烟树凄迷。对岸云山连绵，朦胧隐约。整幅画落笔时轻勾淡染，设色浅淡，线条纤细简练，偶有精微巧饰，但较《月夜看潮图》，在浪潮涌动中更显得旷远浩渺。

从月夜看潮的精微客观，再到钱塘观潮的凄苦空寂，岁月给后者蒙上了一层淡淡的忧伤。

李嵩供奉于光宗、宁宗、理宗三朝，他的一生是励

〔宋〕李嵩《月夜看潮图》

志的。木工虽苦，却有一技傍身，走哪都有活路，但他大胆地走出“安全区”，投身画界，用百分之九十九的汗水去迎接一切未知的挑战。

他把人生活得精彩，成功地将兴趣变成了职业，又努力发展为全能型画家，因而被画院认可，被时人敬称为“三朝老画师”。生长于底层的李嵩从未忘记他的根，底层生活便是他创作的源泉，在一片繁华中，民间风光独好，这里有挑担货郎，有梁山三十六好汉，有服田采莲……李嵩脱离了原本的命运轨迹。南宋也许少了一名鲁班式巧夺天工的木匠，却无悬念地留下了一位名垂千秋的画家。

第七章

# 美酒穿肠过，画作自可得

## 初入画院前：被搅乱的庆功宴

“据说梁楷赢得官家赏识，几日后将于画院入职哩。”不知是谁散播的消息，让园中小聚的众人瞬间炸了锅似的。片刻，众人开始商量为梁楷庆功。

当日下午，昔日同窗受众人之托，前往梁楷家中。他穿梭在里巷之中，心事重重：“梁兄天资聪颖，跻身画院实至名归。然其而立之年便任待诏委实令人钦佩，只是他平日少言寡语，不太和众人打成一片。而我与他也不过泛泛之交。”

行至梁府，见梁楷的前一秒，同窗深吸一口气，然后堆着满脸笑，开门见山道：“梁兄，恭喜恭喜。我们以你为荣呐，想私下办场庆功宴，可否赏光……”同窗话音未落，就见梁楷摆手，痛快地拒绝道：“谢过诸位好意，也不是甚大事，何必这般兴师动众。”

见他几番推辞，同窗脸涨成了猪肝色，在一旁局促地搓手。见状，梁楷妻子忙上前打圆场，帮衬道：“盛情难却，念在同窗一场，大家一番好意，哪能让人吃闭门羹，官人且去罢。”“唔。”梁楷心中有些动摇。同窗见有戏，忙见缝插针：“今晚酉时一刻在三元楼等你，不见不散。”待梁楷应下，他一溜烟地跑开，生怕梁楷临时反悔。

临安酒楼上百家，三元楼远近驰名，位于中瓦子前武林园，是一家市楼（私人经营的酒楼）。临街车马相接，梁楷隔街望去，只见三元楼门面首彩画欢门，走近一看，门前设红绿杈子（栅栏）作装饰，帘幕绯绿，挂着几盏贴金红纱栀子灯，间或听见几句歌管欢笑。他走入主廊，灯火辉煌，花木掩映。约走一二十步，分南北廊，伙计引领他向南走进一间包厢。

此时，桌上玉盘珍馐，佳肴满席，色香味俱全，令人垂涎欲滴！梁楷目光逡巡，往空座走去，身侧有人起身，一把拉住他：“梁兄姗姗来迟，须自罚一杯才是。”自知理亏，梁楷举杯一饮而尽，末了，咂嘴回味。

月明星稀，梁楷的父亲和妻子正在庭院赏月，听到有人推门而入，循声望去，月光下依稀可见来人正是梁楷，只见他黑着脸，一言不发。二人心想：“本该是把酒言欢之际，怎会闷闷不乐地归来？”诧异间，“咳，咳”，梁父假装清了清嗓子，梁楷妻子应声望去，见父亲冲她挤眉示意，她瞬间领会，向梁楷柔声关切道：“酒吃好了？”梁楷愤懑：“本不该去。”“怎么啦？”二人齐齐关心道。

梁楷只得不情愿地将那个不欢而散的场景回忆一遍。

当时众人围着梁楷向他作揖道贺。梁楷应景地说了些场面话：“今日难得一聚，祝所有同窗日后前程似锦，飞黄腾达。”之后，众人讲几个笑话活跃气氛，玩个行酒令，气氛一度达到高潮。

酒酣耳热之际，一个大腹便便的男子上前搭腔："梁兄，恭喜啊。小弟不才，但亦对画院颇为向往，今后要多多仰仗您了。"男子挤眉弄眼，小眼睛滴溜溜地闪着精光，那肥腻腻的笑容背后不知有几分真心。"是呀，官家如今对梁兄青睐有加，官运亨通时，可别忘同窗之情。"众人七嘴八舌，争相谄媚。

梁楷手执一盏美酒，原本还沉醉于酒香之中，闻此言，如一拳重击心头。他五味杂陈，把酒杯重重一放，转身离开。杯中美酒溅出大半，闪着晶莹剔透的光。众人千算万算，竟未料到如此局面。他们你看看我，我看看你，面面相觑。

理清来龙去脉后，梁父重重叹息："楷儿，为父本为你入画院深感自豪。而今，为父不禁生忧。"梁父浓眉紧锁，略微停顿。"父亲何忧之有？"梁楷拂去先前不快，讶然道。"有些话或许不中听，但爹不吐不快。宦海浮沉数十载，爹也经历过大风大浪。待诏虽是伎术官，却也是为宫廷效力。官场如沙场，风云变幻，一切瞬息万变。你嗜酒痴画，常酒后作画，但入画院须有所收敛。凡事谨言慎行，忠言逆耳，切记，切记啊。"梁父语重心长，拍了拍他的肩膀。梁楷一心想与画院众人切磋一番，于是信誓旦旦道："是，孩儿谨记父亲叮嘱，定不会做出格之事。"

## 被画院束缚的自由灵魂

一日清晨，梁楷早早准备就绪，侍从领着他入画院。他昂首阔步，四下观望，画院碧瓦红墙，廊檐错落，古树参天，花草秀丽，布局文雅有致。吞吐间，肺腑一股清气流转，让他对画院的期待值陡然上升。

梁楷刚踏入画院时，院内正有人贴耳轻声热议："听说梁楷是个书画全才。""有人说他草书宛若游龙，有张旭狂草之风范。绘画则师事画院前辈贾师古，青出于蓝而胜于蓝，继承师傅衣钵故而被官家录入画院。听闻此人终年勤苦练画，是个出了名的画痴。"众人对他充满了好奇。

初见时，梁楷"天才 + 画痴"的光环让画院众人带上"滤镜"看他。相处日久，众人对他的态度从敬佩变为平淡，最后竟与之产生距离感。

嘉泰三年（1203）秋，画院里，众人各司其职，一人却打破了这里的有条不紊。只见他绯衣些微松垮，不修边幅，一手执酒壶，一手擒一杯盏，眯着眼望着雕栏玉砌、游廊回环。偶尔趟来一阵穿堂清风，他斜倚着朱槛，闭目聚神，又急急仰头饮尽。仆从熟知梁待诏癖好，自顾自揣度："看梁待诏这架势应该是有灵感了。"便默默立于一侧，不敢打搅。

对于职业画家而言，灵感是延续艺术生命的关键，而才情天纵的梁楷遭遇创作"瓶颈"时，嗜酒的癖好便暴露无遗。他常借酒兴自由发挥，几杯酒下肚后，灵感有如泉涌。起初，有人试图劝阻，可一看梁楷酒后之作，瞬间噤声，怪自己技不如人咯！

这时，传来匆匆脚步声，那人来到梁楷面前说道："梁待诏，官家有令，让您即刻入宫绘图。"梁楷放下酒杯，扶额摇头，眼底恢复一丝清明，而后跟随内侍前往。梁楷候于君侧，因灵感被打断，他有些心不在焉，听了七七八八，思绪逐渐飘忽。只听官家问道："梁待诏，如何？”他回过神，俯首作揖道：“行，臣尽快完成。”

梁楷遵旨之作，让官家十分惊艳。不久后，梁楷既是御前画师，又兼任皇城司宫乾，越发频繁出入皇宫，一时风光无限。梁楷凭借过硬的实力，又收画院祇候俞珙为弟子。众人投来歆羡的目光：“梁待诏深得官家器重呐。”“凡事皆有两面性，如今自由绘图时间无几，未必是好事。”梁楷嘴唇紧闭，挤出一丝干笑。有人眼红，背地里嘀咕：“哪有人不希望御前效力，梁楷却口口声声这样子说，不知真假。”

众人只知其一，不知其二。身居画院，须按令行事，被迫“营业”的梁楷亦十分苦恼。灵感时常被打断，对其而言，是一种折磨。他期待的艺术碰撞的火花也如昙花一现。且院内制度复杂，画事繁多，规矩繁琐，一板一眼，严重束缚了他的创作。

墨守成规，局限了梁楷的艺术创作，而与其他画家之间的隔阂，让不拘一格、洒脱自如的梁楷越发感到压抑。他的饮酒频率逐年增多，有时烂醉如泥，酒后醉态颇不雅观，甚至可以用“疯癫”来形容。众人从劝阻到忍耐，最后渐渐不闻不问，但他的酒品时常被人诟病，众人私下称其为“梁风（疯）子”。

梁楷的性格迫使他在礼制边缘徘徊，注定了他的特立独行，无法融入画院的“圈子”，而画院中人也将其视为“异类”。

## 与禅为伴，可以妙悟画与人生

近半月，梁楷归家虽未面带愁容，但寡言少语，隐约带着一团“低气压”。“官人似乎心有郁结，却问不出个一二。莫非在画院心气不顺？”妻子暗自揣测，担心之余，决心带他出门散心。一日，趁着梁楷在家休息，妻子问他：“下午去净慈寺上香，你与我同去吗？”见梁楷踟蹰，妻子循循善诱：“听闻净慈寺‘闳胜甲于湖山’，寺内名僧接踵。活佛济公也在院内修禅呢，想必官人有所耳闻。济公既‘癫’又‘济’，是位有趣的高僧，此行说不定能巧遇他呢，你当真不去？”梁楷心中一动，道：“那好。”

百闻不如一见。这净慈寺面朝西湖，背靠山峦耸翠，怪石玲珑，“金碧辉煌，华梵绚丽，行都道场之盛，特冠诸山”，不愧是江南五山十刹之一。

二人烧香礼佛之后，妻子忙于布施，让梁楷独自去寺院转悠一圈。探听到济公几日前云游四方去了，梁楷惋惜，漫无目的地闲逛。

清风一卷，地上几片绿叶，调皮地打个旋儿，掀起一抹流动于飞檐间的绿色，香樟树枝叶青翠，潇洒地抖落馥郁的芬芳。彼时阳光温柔，透过碎叶，流转于片片琉璃瓦上，伴着光怪陆离，摇曳生姿。耳畔，黄鹂鸟歌声悠扬婉转，尾音清脆。花木深处，有一间禅房，门前矗立着一棵参天大树，绿荫如盖，松针葱茏绵密，垛垛如撑天绿伞。“估摸有百年树龄呢。”他边感叹，边随意地靠在松下，闭目凝神。不远处，禅房敞开，有一清瘦僧人，同三五人道：“行脚汉，切忌为外事绊倒。且那个是外事，参禅是外事，学道是外事。诸方口角取办，是外事之外事。”声音清越平和，却字字珠玑，敲打在梁楷的心房，令他只觉醍醐灌顶，禅意油然而生。

按捺住相见恨晚的激动，梁楷侧耳，聚精会神地默默听完。待众人离去，他三步并作两步，快步上前请教，方知其为高僧居简。随后二人相谈甚欢。夕阳晚照，南屏晚钟磬音渐起，山谷皆应，而炉中香火兴旺，紫烟缭绕。梁楷与这片清幽之地物我相融，似遁入禅修之境，有股强烈的感觉直击心田：“一花一世界，一叶一菩提。这片圣地定会助我摆脱苦闷，回归本真的自我。”

无规矩不成方圆，但于生性洒脱的梁楷而言，画院有时是阻碍灵感生发的“累赘”，他隔三岔五地出门，有意识地同居简、智愚、妙峰等高僧交游，静坐、清修、顿悟，努力向“圆融”境界趋近。有人以诗会友，酬唱应和，梁楷则以画会友，切磋画技，打开禅画这扇新世界的大门。他对禅画的兴趣越发浓厚，在院体画的大势下，最终走向了趋变的道路。这一转变，意味着梁楷今后只有一路披荆斩棘，方能做自己的“王者”。

庆幸的是，美酒一直与他相伴，成为创作中不可或缺的“催化剂”，与高僧交往，就算喝得烂醉如泥，他们也不会过多干涉或嫌弃。居简更是在《赠御前梁宫乾》一诗中夸赞道：“梁楷惜墨如惜金，醉来亦复成淋漓。天籁自响或自喑，族史阁笔空沉吟。”有知音如此，不枉此生！

### 天才在左，疯子在右：画院中无人认领的一条“金带”

嘉泰四年（1204），梁楷向官家进献一幅新作《雪景山水图》，官家龙颜大悦，视其为迄今为止的巅峰之作。他大手一挥道：“赐梁待诏金带一条。”

内侍策马离开宫廷，片刻不停地往画院赶去。他匆匆下马，冲画院的仆从大喊：“有喜事啊。梁待诏去哪了，快，赶紧请他来接旨。”仆从连连应声，急忙前去寻找。

众人闻讯，放下手中杂事，想一睹究竟。他们帮忙四下探看，并未发现梁楷踪迹。

当众人四处寻找时，梁楷这个当事人仿佛置身事外。此刻，梁楷在饮酒，只见他右手举着一壶美酒，双颊微微泛红，步伐有些凌乱，晃晃悠悠地走来。见其微醉，仆从忙上前搀扶，将酒壶置于地上，梁楷晃悠悠地跪下接旨。

宣读圣意后，其他人纷纷投来羡慕的目光。金带是画院最高荣誉的象征，是李唐、夏圭、刘松年等画院大家才享有的荣光。一旁的俞珙笑逐颜开，身侧有一绿衣祇候不禁感叹："此生若有这般殊荣，人生无憾。兴许还能流芳千古哩。"梁楷双手接过御赐金带，不紧不慢地起身，并向欲上前搀扶的仆从摇头示意。他径自转身，步履有些踉跄，却还是大步流星地朝画院堂前走去了。

众人见梁楷陡然走出人群，有些摸不着头脑，目不转睛地盯着他。只见他走到一棵郁郁葱葱的樟树下，似醉非醉地说道："承蒙官家厚爱，只是臣受之有愧。臣愿请辞，恳请官家恩准。"

衣袖翩翩，一抹身影飘然离去，留下众人一脸愕然。那条金带被挂在了枝丫上，在阳光下闪着金光，证明一切的真实性。

有人回过神来，禁不住瞳孔放大，一副不敢置信的模样："真是个疯子！果然不能以常人视之。"那人又不禁讷讷道："前途大好，一生顺遂，如同众星捧月般的日子就这么放弃了？李唐、刘松年等大家才有此殊荣呐。"于是他冷着面，拂袖而去，留下一句"不识好歹"。语气一波三折，泄露了他复杂的心境。身边的仆从不确定地自言自语："梁待诏留下金带走了？"倏尔，他又肯定地说道："是哩，还是离去罢。"

众人眼中的"香饽饽"，在独来独往的梁楷眼中却是"烫手山芋"。

那条金光闪闪的金带挂在画院的树上，孤零零的，甚至有违和，如同它本应归属的主人。

官家素来器重梁楷，了解前因后果后，心知梁楷去意已决，只能叹息："可惜终究留不住这么一个奇才。也罢，准梁待诏辞去吧。"

事业正是如日中天时，梁楷却看透世事，抛弃了金带，放弃了荣宠，众人口中的"梁风子"名号就此坐实了。若为创作故，名利皆可抛。在多数人惋惜之时，梁楷不以为意，毕竟人各有志，他找到了适合自己的步调，开始了崭新的人生。千年以后，留下了一段传奇，被众人津津乐道，明代宋濂视其"君子许有高人之风"。

**减笔写意时代：《李白行吟图》，一颗强力定心丸**

夏雨初霁的一个迟午，三五文人相约洪春桥一带，就近寻了一间荷亭雅聚。湖面水光潋滟，莲叶田田。

南风吹过，酒香从不远处混着花香扑面而来。有人感叹："曲院之酒闻名遐迩，果真是上等佳酿。"一人手执绔扇，点头附议："酿酒之水取自金沙涧，天然纯净，回味甘甜。"

聊罢，有文人折下一枝红莲，剥一朵花瓣，交给歌妓。笙箫奏响，舞姿翩然而起，歌妓停在一人面前，温柔地将花递给他，那人摘下一瓣，击鼓传花般将红莲传递给下一个人。一白净文人拿到最后一瓣，将清荷撕成一半，放入酒中，小嘬一口，扬眉一饮而尽。

尔后，联吟、清谈、度曲，兴致盎然，似要“与君一醉一陶然”。

此时，身处湖上画舫的梁楷听见船外丝竹悦耳，谈笑风生，便命船夫泊舟停桡。他走出去立于船头，执一壶玉酿，仿佛与岸上人同饮。

日落西山之时，亭间众人意兴犹浓。一疏放文人摇头晃脑，举杯向青天：“酒逢知己千杯少。喝，喝，喝！”醉眼蒙眬中，似乎看见岸边有人立于船头，又仰天长啸道：“‘天子呼来不上船，自称臣是酒中仙。’嗬，老杜真将李白那股子桀骜不羁写活了！”

梁楷身形一顿，苦闷似排山倒海般涌上心头。他兴致全无，再无留恋地回到船中。

夜深，梁楷未披外衣便出了房门。他在庭院徘徊，时而低头，时而仰天，只见一弯新月高挂在天边，散着淡淡清冷的光。而梁楷半边身子融入无边夜色之中，神情模糊。他自觉自己的浪漫主义做派不为世人所理解，不由感到孤独。

一阵凉风拂过，梁楷一抖擞，暂时从伤感中抽离，转身回卧房。

他焚香静坐，思绪回归清净，豁然开朗：“知己难遇，知音难寻。李白潇洒不羁的个性，浪漫的情怀，喷薄的抒情张力，正是他人格魅力所在。何苦活在别人眼中而圈住自我啊！人生苦短，放过自己也是一门精深的学问。”想到这里，梁楷似乎参到一丝禅意，他灵感一闪，三步并作两步地跑入书房。

他额间沁出几粒薄汗，平复几秒，提笔落墨，在绢纸上施展身手。只见笔墨一气呵成，寥寥数笔，人物轮廓初步显露。梁楷浑身一股畅意。他一鼓作气，蘸几滴焦墨，刷上几笔，须发齐全。接着，大笔挥洒几下，画完衣领和脊背。他搁笔，自言自语：“即使无人欣赏，也要保持最真的自我。”接着狂笑几声，回屋倒头就睡。从落笔到搁笔，不过一盏茶工夫。

卧房离书房不远，梁父被梁楷的笑声惊醒，他“呼”地掀被而起，胡乱地蹬上鞋子，忙不迭前去一探究竟。他秉烛快走，见房门虚掩着，推门进入，并无他事，紧绷的心弦微松。转了一圈，梁父发现书桌上有一幅画，墨迹尚未干。

“空”，用笔洗练流畅，毫无累赘，背景大幅留白，人物也没有笔墨的填充，只有流畅而写意的线条，少数用粗墨，可并不贫乏苍白，“于无画处皆成妙境”。

“怪”，画中人被挪了位置，不是稳妥的居中，而是屈居画面下端。

“禅”，虽刻画人物侧面，但面部细节生动传神，姿态昂扬，似乎处于思索状态，传递出一种洒脱放达。

整幅画用笔灵活多变，笔墨的干湿浓淡、笔锋的抑扬顿挫、线条的粗中有细，该洒脱时毫不掩饰，该严谨时又丝丝飘逸。不禁让人精神一振，逐渐感受到画中传递出一种空灵、旷达的禅意。

〔宋〕梁楷《太白行吟图》

不知是谁如此道骨仙风？他凑近一看，题着“太白行吟”四字，梁父暗暗叫绝，逸笔草草，却抓人眼球，准确捕捉人物的音容笑貌，抓住人物气质所在，达到以少胜多的佳境，着实令人耳目一新。李白昂扬的姿态，不知他浪漫的情怀和喷涌的诗情将吐露“看取富贵眼前者，何用悠悠身后名”，抑或是“仰天大笑出门去，我辈岂是蓬蒿人”。

其时文人雅士参禅风气盛行，而梁楷辞官后，更毫无顾忌地与佛门子弟交往。梁父膝下只有一子，他生怕梁楷一时想不开就效仿济公遁入佛门，四大皆空去了。好在梁父忐忑的心终于随着这幅画定了下来，他自说自话：“或许不用太替楷儿担忧。”

## 活到老，学到老，鲜有问津的泼墨

“画痴”梁楷自辞职后，几乎日日和禅打交道，数十载始终如一，活得风生水起，率性自洽。

一日，梁楷与众僧游临安，自在地赏景、修禅、谈画。一名僧人谈及《十六罗汉图》时，言语中赞许有加。梁楷在《宣和画谱》一书中见过相关记载，知此画为贯休禅师所作，仅此而已。梁楷求知欲满满，归家后便片刻不停地奔向书房翻书查阅。

“几多僧只因泉在，无限松如泼墨为。”读至此句，他对“泼墨”一知半解，直觉中有一种朦胧的好奇。寻见其系列泼墨山水画，果然被惊艳。只见泼墨游走间洒脱自如，表现出超越形体而臻于境界的纯粹，这是一种生命自我状态的写真，是禅宗审美中强调的禅境。

半刻钟后，梁楷感觉血液中窜过一丝电流，与它有所共通，瞬间痴迷于泼墨。找到了新的创作方向和灵感，他豪放地大笑几声，快意地跨出书房。

如果说减笔意趣打开了梁楷新世界的大门，那么泼墨山水的发现让他再度心潮澎湃。他不安于现状，又大胆地开始尝试，一种否定自我的尝试，将线条从画作中一一减去，努力靠向泼墨。每一笔褪去后的细微变化，背后的坚强后盾便是大刀阔斧的勇气。

然而，他舍弃了艰难却有路可走的泼墨山水，选择了尚且无路可走的泼墨人物画。这种尝试有谁敢轻易尝试吗？大概只有这个“梁风子”才会锲而不舍地开辟这一方未知的天地，不知画院中人知晓，心情又会如何。

转眼数年已过，绍定六年（1233）春，俞珙轻车熟路地走进梁府，作揖恭敬地问道:“师娘，师傅在吗？”“稍等，又在书房钻研画呢。”梁楷妻子为俞珙沏茶，半是打趣，半是吃醋地嗔道，“你师傅啊，一辈子跟画较劲。李嵩年迈时让弟子代笔，而你师傅呢，老眼昏花了还不肯罢休。”俞珙笑答：“师傅痴迷于画，活到老，学到老，是学生学习的典范。”

谈笑间，响起“嘎吱”一声，梁楷走出房门，将画交至俞珙手中。俞珙敛起笑容，专心观摩画作。

画中仙人袒胸露腹，慵衣体胖，不修边幅的模样中还似乎有些丑态，可仙人憨态可掬中又带着放荡不羁，他形神超拔，仙气卓然，精神气质倒与活佛济公有些相称哩！

梁楷抛弃了画院中惯用双钩填彩的工细技法，由“线条”走向更为自由的“飞墨”，试图“洗尽陈滓，脱略形迹”。

他以“墨”单刀直入，每笔都不循规蹈矩，泼洒酣畅淋漓的水墨。水墨的浓淡干湿信手拈来。湿笔墨汁饱满，大笔侧锋一扫，右肩一块墨色浓重，深藏“力”之重和“速”之快，而衣袖则以淡墨横扫。裤子墨色间于二者，腰带则以焦墨画出，将飞白和浓淡和谐统一。仙人的身体笔锋向外，形成一种张力，呈现动感的效果。

整体浓淡适宜，深重而清雅，豪放而又浪漫。情驰神纵悉数落于画纸上，墨色似乎浸染着梁楷自身气质的洒脱、粗放乃至癫狂，力与速的变幻，带着解开束缚的快感，仿佛是无声中的呐喊。

俞珙似乎闻到一丝酒香，不自觉地想象师傅提壶饮酒后，打破禅宗“不立文字”的原则，行云流水地题下：“地行不识名和姓，大似高阳一酒徒。应是瑶台仙宴罢，淋漓襟袖尚模糊。”不破不立，俞珙看着垂暮之年的梁楷，觉得他的艺术生命力却如正午的阳光，不禁折服。

《泼墨仙人图》是梁楷水墨变化带来的一次禅意体验，它是对传统线条、范式和审美的一种挑战甚至颠覆，从而使人物画进入一个全新的境界。

## 揭开面纱：一幅让官家赐金带的作品

别看梁楷在“崇简”的道路上一骑绝尘，让人遥不可及，可他回归布衣之身前，他的画风精密，是典型的院体画风格。

从细笔到减笔，从工笔走向写意，剥落了绚丽的外衣，走向水墨的参差变化，梁楷未被欣赏，画院众人反而对他“转型”前的“精妙之笔，无不敬伏”。

〔宋〕梁楷《泼墨仙人图》

官家近距离观赏《雪景山水图》，眼睛眯成一条线，眼白中的红血丝逐渐被笑意和光亮取代，瘦削的两颊因嘴角的弧度陡生起伏，他止不住赞叹：“画作清新而浑厚，空寂而清旷，令人宛如身临其境，山与人的反差，不禁令人感受到崇高与壮美。”官家赐金带给梁楷，代表了他对其艺术造诣的认同和赞赏。那么，这幅画的真面目究竟如何呢？

《雪景山水图》是梁楷前期院体画风格的代表作，画中隆冬雪景，远处群山一片，两座山岗树丛掩映，碎叶密集，紧挨着一座雄伟的大山，其间峰峦连绵，走向深处。山间白雪覆盖，雪霁云烟渺渺。江滨水畔，流水迂回转动。有三株老树于小坡处扎根，一直两偃，主干粗壮遒劲，枝丫稀疏，松柏墨绿苍劲，向阳而生。不远处的平路上，有两人骑行在苍茫山谷中。

梁楷采取“一角式”构图，取一角半隅之雪景。老树枝叶簇点，朝向、疏密，精心把握，与山上的树丛遥相呼应。山石粗简率劲，淡墨勾画，只不过数笔，一气呵成。山体不着水墨画雪，而以渲染和留白反衬。他以淡墨渲染天空和水流，对山、树的背阴面进行小范围的层层积染，远近烘托出白雪皑皑之感；同时，缜密地在山顶、树丛、枝干和岸边敷层白粉，凸显积雪覆盖的质感。山体阴面和水岸边则运用短笔皴，细笔浓墨反复皴擦晕染，表现纹理和边界，增添画面的立体感。

画面构图一大一小，就在山谷间巨大山水迎面扑来的苍凉空旷下，有两位骑行者，身披大氅，面对面似交谈状，马儿低头前行。水墨淋漓的山水中，有枣色鞍马、暖色大氅以及黑色鬃毛等，色彩的丰富，提亮了画面局部，为寒冷寂静的雪天增添一丝丝暖意。在大山大水间，人、马姿态各异，梁楷未将其掩盖或遗忘，反而用精妙之笔，

〔宋〕梁楷《雪景山水图》

一丝不苟地用心进行细笔描绘，呈现气韵生动的效果。

十四世纪中叶起，日本室町幕将军府足利家族和元朝勘合贸易，他们热爱中国文化，尤其是艺术品和茶道，因而日本商旅、僧人遍寻“唐物”，梁楷真迹也在搜罗之列。尔后，足利家族修建东山以归置藏品，在数以万计的“唐物”中，《雪景山水图》成为“东山御物”之一。

数百年后，《雪景山水图》与其他三幅画共同摘得“日本国宝”的桂冠，证明自身不朽的艺术价值。

审美艺术既可以大众化，也可以小众化。梁楷，南宋画院中一朵走出“安全区”，不断探向未知领域的“奇葩”。他高傲疏野，放纵不羁，个人风格鲜明，敢于打破自我，从院体画的“主流”中跳脱出来，标新立异，自成一派，打开了水墨写意画新的气象。《南宋院画录》载：“画法始从梁楷变，观图犹喜墨如新。古来人物为高品，满眼云烟笔底春。”然而，梁楷的新画风在南宋时被冷落、被抗拒，泼墨人物画传世者皆草草，数百年来无人超越他的实践和探索，但是梁楷的一生却从中解脱，一壶酒，一台砚，一念禅，一方天地任遨游。

# 第八章

# 半边山川半边诗

## 半边山水的“开发”，成全一段“忘年交”

嘉泰元年（1201），是夏圭在街头卖画的第三年。他麻利地在摊上摆满各色画，分为两类：人物和山水。很快，人物画销售一空，山水画几乎无人问津。

其实，出摊前，他就料到这种情形。夏圭人物画十分出色，熟练地先画上几十幅，再就地取材，画几幅山水。此举抓住了买家的购买心理，通过对比刺激其消费欲望。不过，选择画山水纯粹因为他喜欢临安风景。

他俯身又从画奁中拿出几幅画卷，从容地拆开，心中感慨：“果然还是人物画更胜一筹。”这时，耳畔响起一个声音：“你这山水画得不错，有几分李唐前辈的味道。”语气随意平和，但夏圭生平第一次听到有人夸赞其山水画，他手一顿，迅速抬头看去。一看吓一跳，竟是画院赫赫有名的山水画大家马远。夏圭正欲与其攀谈，这时，马远身边侍从贴耳说了几句后，二人便消失在人流之中。来也匆匆，去也匆匆，令夏圭怀疑自己是否幻听，但这句话一直盘旋在他脑海。于是，以人物画为主业的夏圭开始花心思钻研山水画。

人物画深受画院重视。夏圭有了岁月的沉淀，成为临安城中的人物画高手。他的人物画笔法苍古，水墨自如，酣畅淋漓，扬名后被画院招纳。

初入画院，众人纷纷友好地表示欢迎，夏圭一一感谢。他四处张望，而后又向旁人询问：“请问马待诏在吗？”“不巧，官家今日去德寿宫赏梅，马待诏御前侍奉去了。”“嗯，谢谢。”夏圭语气有些低落，转而心想来日方长，便在仆从带领下四处熟悉环境。

翌日，众人相约赏湖，一人姗姗来迟，朗声致歉：“宫中有事耽搁了，见谅。”见是马远，夏圭又惊又喜。他欲上前搭话，又生怕唐突，不敢贸然行动。

这时，有人道：“良辰美景，岂有辜负之理？不如以之为素材，切磋一番。”该提议赢得了多数人认同。夏圭自认只得山水之皮毛，见众人兴致高昂，不好扫兴，于是硬着头皮提笔。

待最后一人画毕，画作共置亭中一处，最精彩的环节开始了。他们互相点评，切实中肯。轮到夏圭时，他忐忑地说了声：“不好意思，献丑了。”

众人各抒己见，褒贬不一。他们静等权威发话，目光齐刷刷地看向马远。只见马远神情严肃，字正腔圆地说：“夏待诏，何不考虑另辟画科，钻研山水？”众人呆滞几秒，后又齐刷刷地转向夏圭。“嗯？”夏圭下意识说了句，紧接着，受宠若惊地回应，“嗯，嗯嗯。”马远继而解释：“依我所见，夏待诏画风笔墨简括，所画之景自然质朴，却有几分神似，独有一番野趣。”

闻言，夏圭不禁心潮澎湃：“第一次也许是偶然，但第二次绝对不是。”他笃定地朝马远走去。夏圭说道：“马待诏，之前与您有过一面之缘。”见马远神情中有些意外，夏圭主动解释：“之前在夜市卖画，您曾无意夸赞一句，至今影响着我。”“缘分之事真是妙不可言呐。”二人相视而笑。攀谈间，夏圭信心倍增。深思熟虑后，他决心转攻山水画。

因为一次聚会，二人不知不觉成了“忘年交”，夏圭山水画的潜力从此得以开发。不过，马远是御前“大红人”，由于和宫廷往来密切，时常奔波忙碌，因此，夏圭和马远交集并不多。

## 从李唐根叶中开出一朵双生花

说者无意，听者有心。距马远离开已有几炷香工夫，夏圭卖完画收拾摊子时，仍对马远的话念念不忘。

萧照是李唐嫡传弟子，刘松年等画院内的画家也纷纷师法李唐，他们各有千秋，而马远却是继李唐之后，第一位既继承李唐开创的院体山水画风格，又在此基础上有突破性进展的画家。于是，夏圭将摊子放置家中后，辗转临安街头巷尾的画市、画铺，驻足观摩马远真迹或仿作，静静感受艺术的熏陶和启迪。

时间如白驹过隙，忽然而已。“咕……咕噜”，几声不合时宜的肚子叫把沉醉于山水的夏圭拉回现实，他环顾四周，发现夜色渐深，一路小跑没入夜色。

回到家中，夏圭就着冷菜狼吞虎咽几口后，便迫不及待地小跑进书房。他跃跃欲试，尝试模仿马远的画风，几笔下来，却不得其妙。他的画可以达到形似，但那种富贵趣味却怎样也无法进入他的笔下，严谨的线条束手束脚，使他寸步难移。他又坚持了数月余，仍不见丝毫起色，暗自苦恼不已。

走过不少弯路，迷失了方向，夏圭逐渐意识到其中的难处：李唐和马远，几乎是南宋山水画的“代名词”，宛如两座气势恢宏的大山，从山麓望，一路锦绣非凡，中有云烟聚集，高不见顶。无数人耗尽心血，努力翻山越岭，却止于半山腰。

夏圭不甘于此。他孑然一身，意欲从前人铺路中摸索出一条新路，欣赏山顶风景，体验“一览众山小”的快感。而要实现这一点，他必须练就自己的“看家本领”。

是日，夏圭在街头摆摊，川流不息的人群中迎面走来两位翩翩男子，他们身着绫罗绸缎，用料讲究，衣袖刺绣圈边，花纹繁复，一眼便知是贵家公子。一男子道：“唉，一言难尽啊，近日学马待诏画风，难以表现其华贵之气。”另一男子安慰：“哪能如此容易呢，不过，耳濡目染，总会有几分收获吧。”二人谈话声随着脚步挪动，逐渐往茶楼走去。

二人一席话犹如一记警钟敲醒了夏圭。由于马家的家学渊源和历代画院任职的经历，宫廷审美趣味对马远影响较大，他的画风偏于严谨、富丽。而他自幼在民间长大，偏爱山水野趣，平日四处观山赏水，乐得逍遥。

于是，夏圭果断放弃模仿马远的画风。他相信，在汲取前辈的长处时，不盲目追随，要努力形成自己的独特个性和审美。很快地，他从历代画家中寻找志同道合之人，师学范宽、米芾、米友仁等人，“墨戏”笔法、山林田园疏野之气，皆为画风形成添砖加瓦。

在独自钻研山水画的迂回路上，夏圭不断向山水野趣靠拢，最终实现长足发展。夏圭人物画笔简神具，他巧妙运用“长板”，抓住山水和人物二者共通之处，画山水讲究遗貌取神，不单以形似取胜。

当然，在学习马远画风的过程中，夏圭并非一无所获，他的山水皴法布置沿用马远程式。马远以一角式构图，他采取半边式构图，因而二人各有“马一角”“夏半边”称号。但在趋同之路上，夏圭不落窠臼，从笔墨、意境入手，摸索个人风格。马远倾向华丽富贵，经营文人匠气，造境“奇”而“意深”；夏圭更趋向平淡天真，朴素自然，以“意境”胜；马远长于用笔，转折顿挫，硬劲峻峭，夏圭则善于用水墨，大胆落笔，灵活驾驭墨和水的比例，实现水墨混融渐变，水墨配合淋漓尽致，出神入化地演示出水墨的参差变化。

由于马远、夏圭风格近似，后世往往将二人相提并论，并冠以马、夏画派之称。明代画家王履在《画楷叙》一书中赞曰：“马夏山水，精而不流于俗，细而不流于媚；有清旷超凡之韵，无猥暗蒙尘之格。”

## 大斧劈皴的变种：<br>用拖泥带水皴在水墨中开出浑然的“五色”花

七岁时，夏圭对绘画兴趣浓郁，时常向私塾先生借书。一日，他翻阅至吴道子一篇，读得津津有味。书中故事跌宕起伏，精彩绝伦，其中一则深深吸引着他。

天宝年间（742—756），唐玄宗思念蜀中山水，遂令吴道子赴嘉陵江边写生，回朝时，唐玄宗令其在大同殿壁上作画，问起素材时，吴道子曰：“臣无粉本，并记在心。”他凝神挥笔，一日画成嘉陵江边锦绣山水，一山一水、一丘一壑，简括而引人入胜，妙趣横生。回忆李思训在大同殿壁上所画嘉陵江山水，唐玄宗曰："李思训数月之功，吴道玄一日之迹，皆极其妙也。"

吴道子的创作方式在夏圭幼小的心灵埋下种子。在日后创作中，他有意抓取人和景的形、神、势，人物画形神皆备，在把握人物时，必努力做到心中酝酿。

自从转攻山水，夏圭沉浸于江南山水之中，禅宗所言"脱落实相，参悟自然"间接地与吴道子创作互通，对夏圭创作大有裨益，他常以之为座右铭，时刻警戒自己。夏圭犹如一张白纸，没有家族绘画的影响，他野蛮生长，挣脱马远画风的束缚后，他师法多家，化为己用，笔墨大胆率意。

由于家境贫寒，夏圭手执秃笔却舍不得扔。渐渐地，夏圭反而喜用秃笔作画，多年后，他山水的形、神、势胸有成竹，运用秃笔更创造出山水画中的"拖泥带水皴"。

这是从大斧劈皴中演变而来的一种皴法，是对李唐皴法的继承和创新，这种皴法以水破墨，更为丰润含蓄。画山石时，常将秃笔蘸重墨，以侧锋疾速挥拂，然后趁湿迹未干，再以较湿的淡墨扫开，淡处再用清水笔挥扫，笔墨和皴法自然渗淡，显现出干湿、浓淡的渐变，同时又浑然一体，显得秀润劲古。干、湿、浓、淡、黑为画中五色，"五"只是一个虚数，借以形容水墨的丰富。夏圭运墨而五色具，又将白色融入其中。水墨参差变化中似乎像花儿一样，有了鲜活的色彩。一瓣，两瓣，三瓣，四瓣，五瓣，层次感十足，显得气脉疏通，气韵生动，飘逸中带着自然荒率的野趣。

有人因技不如人，反怪笔不好用。殊不知，古有米芾一支秃笔，字意相连，今有夏圭一支秃笔闯画院。

据《西湖游览志余》记载，夏圭“酝酿墨色，丽如傅染”。若将这水墨运用得出神入化，画又能差到哪去？

## 苏堤背后的历史足音

春雨温润如酥，斜风细雨绵密，编织着江南如烟的春纱，空气中还有淡淡的青草泥土气息。几个游人一道在路上奔跑，随后躲入街道一侧的勾栏内。

夏圭靠在一棵郁郁葱葱的大树下避雨，见雨势一时半会不停，干脆也大跨步进入勾栏。此时，勾栏里有人支颐注目，有人屏息，打起十二分精神，那几位匆匆进入勾栏的游人顾不得抹去发梢上凝结着的滴滴露珠，全情地投入其中。

说话人眼睛提溜一转，左手醒木一拍，一把折扇在指间轻摇慢戏，乐呵呵地开场：“上回说到苏轼来杭州，就被西湖美景迷住了，写下‘欲把西湖比西子，淡妆浓抹总相宜’的绝妙好句。然而，苏轼再次来杭担任知州，见到西湖时，他擦了擦眼睛，睁大双眼，他看到了什么呢？”说书人一顿，继续道：“这湖中葑草好似披头散发的绿水怪，毫无忌惮地四处蔓延，泛滥成灾，造成湖泥淤塞，为祸一方。原本碧波荡漾的湖面如死水凝滞，闷热天气的发酵下传出阵阵恶臭。”说话人皱眉讲道，听众也共情地随之一皱。

“‘杭州之有西湖，如人之有眉目。’苏轼真是百姓的父母官，一心为百姓谋福祉。他当机立下，向朝廷上书，请求拨款疏浚西湖。那么问题来了：这泥草如何处置呢？堆在岸边吧，不美观且妨碍交通；挑到远处吧，费时费力。

里外不通，苏轼为此愁的那是三天三夜没合眼啊。第四天一大早，他四处勘察，准备去南屏山一探究竟。在西泠渡口等船时，忽然从柳林深处传来一阵清脆的渔歌声：‘南山女，北山男，隔岸相望诉情难。天上鹊桥何时落？沿湖要走三十三。’”

“啪”的一声，说书人拍着醒木，神情激动，唾沫飞溅，那声音浑厚高亢，穿透薄薄的雨纱，向外飘荡着：“这一唱，却化开了苏轼胸中积郁，他顿时眉开眼笑，顺着渔歌声，豪迈地应和道：‘南山女，北山男，天上鹊桥落西湖。桥上几步情可诉？成全一段好姻缘。’于是，苏堤在你来我往的歌声中有了雏形的构想……”

天渐渐放晴，而苏堤的故事仍在继续。

夏圭从勾栏内走出，作为土生土长的本地人，他对苏堤之事耳熟能详，如今再听一遍，依旧怀揣感激和敬意。他漫步在西子湖畔，不知不觉地登上一间楼阁，俯瞰着苏堤。望着眼前挹翠流丹、声色繁华的西湖，萌生了作画的冲动。

为使画中景象呈现立体且绵延的视觉效果，他挑选平日鲜少用的挂轴，欲将一个真实而缥缈、明媚而清雅的景象尽收画中。

在鸟瞰视角下，夏圭采取“之”字形构图，从下往上，景色从实入虚，在渐变中与天际相接。水墨氤氲中远近、疏密、穿插、点缀相得益彰，画面丰满，笔调明快又含蓄严谨，楼阁不用界尺，信手勾勒。西湖边人家数十户，茶舍、酒楼鳞次栉比，洋溢着人间烟火气和活力。侧岸泊舟济济，有一叶晚归游艇缓缓驶入湖湾。环堤而上，遍植岸柳和桃树，垂柳成烟，千条万缕，桃花灼灼，间

〔宋〕夏圭《西湖柳艇图》

杂其中。桃柳一路疏密掩映，蜿蜒曲折，有一木桥曲径通幽，在淡柳烟笼里通往风轻云淡的空中。

## 雪初霁，赏雪景，听客闲话

格物致知是南宋理学思想的重要内容，促成了文人画中一种“平淡天真”的美学追求，清逸而高雅。夏圭受理学影响，追求大道至简，以小见大。夏圭倾向于文人品味，以平淡天真为旨趣。

何谓平淡天真？它指率性而为，笔墨自如，不刻意，不矫揉造作。

作为一名职业画家，夏圭从画人物转向画山水，不急于通过作画追求功名利禄，而是以画为乐。他寄情山水，以在山水中表现野趣为兴味。

夏圭是土生土长的江南人，他画中的江南冬日，没有北方的肃杀荒芜，而是隐于一片江南山林之中。

雪后初晴，积雪尚未消融，覆盖了屋舍山石。寒气沁凉，丝丝入骨。湖面清波荡漾，波光粼粼，有一蓑衣笠翁，坐于扁舟一头，划桨前行。人物是冬季沉寂中的一抹亮色，点明了画中的生机和活力。

取半边景物，是“夏半边”典型的构图特色。画面左下侧景物构成了画面的主体，用秃笔画山石，短线条直破，用小斧劈皴进行皴擦，几笔后，再加以淡墨染画，山石坚硬而苍润。有两株老树生长在岩隙之中，枝干虬曲，前后掩映，仿佛在嬉戏斗舞。

画山石、天空和水仅以淡墨勾染，在烟波淡淡中烘

〔宋〕夏圭《雪堂客话图》

托积雪的洁白，进而营造出寒气袭人的气氛。远景线条刚劲方折，起伏变化中勾勒出远山一角的轮廓和纹理脉络，以染为主，皴擦较少，以显示远山阴阳向背和层次变化，将画面呈现得真实自然。坡脚则隐没于淡墨晕染的烟岚雾霭之中。

水岸边，有一水榭隐现在树丛之中，只见明窗洞开，室内有二人端坐，似乎在下棋对弈，未被寒气退却，反而兴致勃勃。画中水榭不以界尺，信手所画，人物渺小，虽只对其勾勒轮廓，仅寥寥数笔，却将人物对弈时凝神注目的神情举止精妙地凸显出来。从几抹勾勒中，亦足以窥见夏圭人物画中的高超技法。

远山连绵不绝，消失在画面中，有直入云霄之感，引人想象。而扁舟一叶，似乎与这山脉形成一个回环，将这山脉重新拉回人间，堪称妙绝。远处山顶与近处枝杈之上有未融化的积雪零星点缀，用笔刚劲而趋于含蓄。

画中笔墨率意，从心所欲，但不无节制。取于“窗含西岭千秋雪”的诗意，又遁入野趣横生的意境之中。

## 穿过元代，探寻南宋院体画的袅袅余音

“南宋四大家”在中国画史上非常有名，然而由于元朝统治者不重视绘画，南宋院体画未能续写辉煌，反因匠气而沉寂。此消彼长，文人画再度崛起，以清新之气贯穿元代画坛。直至明朝，统治者因教化之需青睐院体画，恢复画院制度，逐渐扭转局面，南宋院体画成为主流。

杭州，南宋院体画风的发祥地，历经了元代院体画近百年的沉寂，却将院体画风薪火相传。它如同地域文化精神指标，引领风向，影响后世审美选择。

明初盛世，杭州一家金银铺子内，柜台陈列琳琅满目的饰品，样式繁多且件件精品，顾客络绎不绝。在一阵“叮叮当当”的敲击声中，一块银条在金银匠手中由厚变薄，由宽变窄，被锻造成一只精美别致的钗花。女子将银钗簪于云鬟间，对镜顾盼，满意地夸赞：“戴进出品，属实不凡。没想到他小小年纪，手艺如此精进。”

戴进亦以手艺自傲。一日，戴进撞见数月前他亲手锻造的“镇店之宝”被人要求回炉重造，金钗上的花被锤子敲打得面目全非。见数月心血付诸东流却无能为力，他心灰意冷，毅然转行。

父亲戴景祥因南宋院体画风而入画院，于是戴进转攻绘画，子承父业。他全身心地投入绘画创作，以马、

夏等南宋院画家为主要效仿对象。

戴进一生饱经坎坷，初次入宫，不被重视；考取画院，在“浓绿万枝红一点，动人春色不须多”的命题考试中，众人败给戴进，戴进却败给一幅美人图，旁人替其落榜惋惜之余，又感慨其不识“春色”。

生活的考验让他越挫越勇，终于，宣德（1426—1435）某春，年近四十的戴进方被姓福的太监举荐入宫，开启供奉内廷的生涯。

在画院中，戴进不善逢迎，也无意争宠和钩心斗角，而是潜心提升画技。院中同僚谢环见戴进画技不俗，心生嫉妒，怕其威胁自己地位，私下排挤。一日，戴进进献一幅《秋江独钓图》，宣宗（朱瞻基）邀画院众人一同品画。谢环道：“失之粗鄙，红袍男子垂钓江边，岂不失了体统？”皇帝听闻，定睛一看，信以为真，将戴进从画院驱逐。

自此，戴进浪迹民间，鬻画为生，不禁感慨：“吾胸中有许多抱负，怎奈世无识者，不能实现。”戴进郁郁不得志，却赢得京城士大夫贵胄的赏识。与夏昶互赠书画自娱，人品和画技备受王直推崇。在酬酢交友中，戴进博采众长，以南宋院体画为主，兼收他长。

晚年，重归故里的戴进画风纵逸出蹊径。虽穷困潦倒，但桃李无数，既有戴泉、王世祥等亲人，也有夏芷、夏葵等学生。他的作品被奉为经典，文人陆深在《春风堂随笔》中尊其为明朝“第一画手”，又吸引吴伟、张路、蒋嵩、汪肇等追随者。以吴伟为代表，继承开拓，衍生出浙派的一个旁支“江夏派”。

浙派从民间异军突起，同院体派并称画坛双峰，左右画坛百余年，二者皆为南宋遗风。院体派谨守法度，作品几可与南宋时相媲美，浙派则在继承南宋遗风时，又有个性化创造，自成一派。明人董其昌因其地域和风格相近，正式命名为“浙派”，戴进名正言顺地成为浙派的创始人。

**走出国门，发扬光大**

明成化二年（1466）冬，日本画僧雪舟立于山岗，眺望海洋彼岸，憧憬东方泱泱大国。厌倦“等样”作画的他，祈盼有朝一日亲自赴明朝交流。

次年春季孟月，雪舟如愿以偿，同遣明使等一行人乘大内氏“寺丸号”船从九州博多港迎风起航。船帆如旭日般冉冉升起，在咸湿海风的吹拂下，花瓣状的家徽若隐若现。岸边的樱花不断倒退，从白色的花骨朵变成一抹树影，消失在海岸线的一头。

航船借东风一路乘风破浪。半月余，雪舟于宁波港登陆。市舶司“勘合”人员检查木箱内贡品后，在等待上京许可期间，雪舟等人于太白山麓天童禅寺落脚。

江南，是南宋院体画继承者“浙派”的势力范围。雪舟在结识精通日语的文士徐琏后，在其陪同下，四处拜访当地名师名家。一日，雪舟拜访一浙派画家，虽然存在异域差异，二人却有着共同话题——南宋院体画。

雪舟向其请教：“随着僧人与宋朝交流的不断深入，马、夏等画家的作品漂洋过海传入日本，引起日本画坛轰动。时人见到唐绘，便联想到夏圭。可否谈谈夏圭先生？”“自然。”男子欣然应允，侃侃而谈。谈及夏圭影响时，他激情澎湃："宝祐二年（1254），夏圭画作风靡一时，画院待诏朱怀瑾等人笔法用墨皆师从夏圭。事实上，院体画和文人画是南宋绘画的两个支流，前者兴盛伴随着后者衰败，颠覆了北宋时期二者之境遇，而院画家被文人看轻的现象或多或少延续了下来。即便如此，夏圭却被南宋文人尊称为'大夫'。"

"为何？"雪舟为之一震，忙不迭追问。"'大夫'之名，颇有渊源。南宋卫宗武退居朝野后，偶见夏圭佳作，卷卷观摩，钟情画中平淡和疏野之气，故于《秋声集》中尊其为'夏大夫圭'。"男子继续道，"夏圭在南宋口碑甚佳，在元代却是褒贬不一。南宋覆灭，元初书画大家赵孟頫提倡复古，抵制南宋院体画，批评其过于精巧，形有余而神不足。即使在反驳声中，夏圭的影响力还是从杭州扩散到各地。元代《山水家法》直谓'气韵尤高，宜为一代名士'，为其拨乱反正。"

在详谈中，雪舟加深了对夏圭的了解，越发坚定传承的信念。即使遗憾如今院体画"挥染清拔者稀"，但亦收获良多，不虚此行。

此后，他辗转多地，一路北上游历学画，胸襟和见识不断开阔。入京后同画院首席待诏李在切磋画艺，李在为其指点设色之旨，泼墨之法。

两年后，夏季风一路欢送着返程船只，船上满载各色物品，包括佛教典籍、诗文集、书画等明朝文化输出的果实。

雪舟慕名而来，学成而归，画风胜似马、夏。他努力挣脱周文①画派程式化束缚，在日本室町时期形成水墨画派，被后世誉为"画圣"。他的创作为马、夏画派在

①天章周文，日本室町时代（1336—1573）的著名画僧，被誉为"日本水墨画之父"。

日本的传播注入新鲜血液，成就了南宋院体画空前绝后的影响力。

数十年后，当董其昌以南北宗区分画派，将李唐、马远、夏圭等院画家列入北派，对其笔伐口诛，发出“非吾曹当学”等尚南贬北的言论冀以提高文人画地位时，走出国门的马、夏画派，凭实力继续在别国发光发热，弘扬了中国水墨画的博大精深，成为历史上在国外最具影响力的画派之一。马、夏作品被日本定为“重要文化财”而珍藏。

夏圭创作洒脱而不落俗套，元代夏文彦在《图绘宝鉴》写道：“院中人画山水，自李唐以下，无出其右者。”夏圭转攻山水，人物不再是夏圭笔下的唯一，居于山水之中，这一生似乎要画尽临安美景，有烟岫林居，有遥岑烟霭，有临流赋琴，卷卷诗情画意，文人意趣横生。他放弃了专长另求他路，获得了金带，赢得了和李唐、刘松年、马远并称“南宋四大家”的美名。后三人山水画系李唐山水一脉，旁斜而出，在山水的创作中各有出彩之处。

第九章

# 『一门五代七画家』的圆满收笔

## 撕下标签，走向新世界的“佛像马家”

北宋时的东京经济富庶、科技发达，也是艺术之都。艺术气息陶冶了一代又一代，宋徽宗更是位出了名的“书画皇帝”，精工花鸟，书法一绝。在宫廷风气助推之下，书画成为时代“宠儿”，临书摹画之风盛行。

马行街是东京的商业中心，人烟浩穰，街道以北为小货行，多设有医铺、香药店，贩卖各色药材。周围药香味浓郁，行人途经时，衣袖总会沾上几味。再往北数米，官员府邸星罗棋布。在其中一座侍郎府邸内，有位官人伏案摹画，书桌上摊满各式各样的作品，有佛像，有山水，有花鸟百禽，等等，凑近看原作印章题字，竟均为“马贲作”。

此时，官人正聚精会神地画完最后一笔。“公杰，最近学画可有进展？”侍郎贾炎背手，低头关心儿子。“学得差不多了，请父亲过目。”贾公杰说着将画递给父亲。接过画，贾炎赞许道：“嗯，日就月将，总归学有所得。”

听到父亲褒奖，贾公杰信心大增，参加学马贲画作之人举办的一场绘画“沙龙”。他在百余人间脱颖而出，有人夸赞道：“贾兄画山水标格甚高，画佛像极精细，衣缕描金而不俗。”一时间，贾公杰在圈内获得一定知名度。若有人提及马贲，偶尔会顺带提他一嘴。

那么，马贲究竟是何方神圣？

他是翰林图画院待诏，工佛像、山水，尤长于百图，如百雁、百马、白羊、百鹿等等，驰名东京内外，被人争相效仿膜拜。元祐、绍圣年间（1086—1098），马贲初出茅庐，以出色画艺开始冒尖。他出身绘画世家，家学渊源，并不是什么无名小卒。“佛像马家”是世人给其家族贴上的“标签”，继承家学之余，马贲喜作百图。他作百图，繁夥至极，位置却不乱，足见其构图把控之能力。因此深得徽宗青睐而成为画院待诏，最终打破了“佛像马家”的刻板印象。

靖康年间，一场战乱几乎让宋室倾覆，画师们或流散各地，或被押解北上。马贲侥幸未被金兵抓住，他携妻儿举家逃亡，从此过上颠沛流离的日子。听闻康王称帝的消息，藏身于一间破茅舍的马贲喜从中来，掩泪向妻儿道：“与其狼狈不堪地流浪在外，东躲西藏，不如和官家一荣俱荣，一损俱损！”一路追随着高宗辗转四方，途中，听闻官家派人各地寻求名画，马贲开始有意识地向儿子马兴祖灌输绘画理念、鉴别技巧和其中趣味。于是，马兴祖继承家学，擅长杂画，此外尤善鉴别。数年后，宋室南渡临安，在动荡中休养生息。高宗闻马兴祖善辨画，召他入宫，随口问道：“你怎会擅长辨画？”马兴祖躬身作答：“年幼时，家父时常带我去书画市集，教我如何辨画，当时不免纳闷：‘为何父亲不让我在家练画，却花那么多工夫让我学会辨画？’待官家亟需辨画之才时，我这才恍然大悟。”闻言，宋高宗大为感动。

于是，每获名迹卷轴，宋高宗多令其辨验。

在危难关头，马兴祖担当旁人难以取代的艺术保护重任。没有功劳也有苦劳，马家不离不弃的忠诚赢得帝王的信任，历代官家厚待这个在大风大浪后幸存的家族。绍兴年间，马兴祖之子马公显和马世荣得自家学，兄弟二人皆被授予承务郎，赐金带，享有宫廷画师最高级别的待遇。令人惋惜的是，“佛像马家”之名在马公显后名存实亡，他也成为佛像画“最后的传人”。马世荣育有二子，皆以画为业，但他们都不愿单纯地“啃老”，努力寻求突破。尤其是马远，在继承家学的基础上，学习李唐山水画技巧，最终形成华贵且富诗意的画风，如同平地一声雷，成为画院最受当朝恩宠的画师。他和宫廷交往密切，官家和皇后频频为其题诗，成为宫廷合作的首选对象。此时，家族的荣耀和实力在马远这一代达到了最辉煌的时刻。马远兄弟马逵虽不如马远全能，但也不逊色，他画山水、人物得家学之妙，而花果、禽鸟疏渲极工，毛羽粲然，飞鸣之态生动逼真，殊过于马远。

一个绘画世家的家史几乎贯穿整个宋代画史，犹如铁树开花，千年难遇。而马麟的出生，续写了家族的荣耀，也画上了圆满的句点。

**站在巨人的肩上，进退之间，马麟该如何自处?**

马家在临安声名显赫，堪称“元老级别”资历的绘画世家。马麟诞生后，马远对这个独子宠爱有加。

在这样的环境下成长的马麟很少因物质需求而感到困扰。随着马麟一点点长大，周围无形的压力也蠢蠢欲动，伺机给他迎面痛击。

十一岁那年，私塾放学，马麟一路上被问得最多的便是："你是画院马待诏的儿子？绘画学得怎么样？你觉得以后会不会比你父亲强？"类似问题如同连珠炮轰炸。

印象中，这并不是他第一次遇到这种问题，却是他第一次正视这种问题。以前他总奇怪为什么大人总爱问同样的问题，稍加思索后，他隐约觉得这是一种思维定式。

十四岁时，遇到"今后会进入画院，成为家族第七位画家吗"这个问题时，马麟顺势思考：为何"一门四代六画家"已经是一种难以企及的高度？他发现背后喜忧参半，北宋时，画师郭思讨巧地将父亲郭熙的画论纂集成书，取名为《林泉高致》，这一举动大大提高了他在画史中的声望。建炎以来，临安绘画世家中，或一代不如一代，如苏汉臣之子苏晋卿不逮其父，或另谋高就，而这是绝大多数的选择。后代子承父业，往往需要巨大的勇气。

自此，马麟开始抉择今后的人生道路。他有些彷徨：他的绘画水平在同龄人中已经崭露锋芒，但由于他身上流淌着马家的绘画基因，因而众人期待出现第二个"马远"或者超过父辈的天才，所以对马麟更为关注，不自觉拔高了"优秀"的标准。面临众人技法、创新、成就的提问和质疑，他也曾被压力劝退，迷失自我。

弱冠之年，马麟遇到类似"你绘画能力必定很强，毕竟出身绘画世家"的绝对性论断时，常常礼貌性回答，对其行为不予置评，已经能够淡然处之了。

从不谙世事到安之若素，马麟在青少年阶段被迫灌输各种言论，也逐渐习惯了不同的善意或恶意的关注。

他发现自己更专注绘画本身，专注如何创作。

他会选择成为一名画家吗？答案是很明显的。

事实上，马麟一代算是南宋历史中“偏安的一代”，他们生于临安繁荣昌盛之时，体验人间富贵，没有经历山河破碎的痛苦，没有雪靖康之耻的抱负，人生也很少有大风大浪，大半生过着安然平稳的日子。马麟从小养成了“冲淡平和”的性格，长大后认清了自我认知和定位，“知止所知，不为己甚”，变成了一名风度翩翩的画家，气质儒雅，温润如玉，这种性格成为他抗压的强力盾牌。

最终，马麟在众人关注下于嘉泰年间进入画院，成为一名画院祗候。作为马家最后一代画师，马麟学画有无与伦比的优势，然而家族的光环、别人的期待、父亲的期许，都是他学画路上的压力，让他负重前行，如果是“玻璃心”，他就容易被压垮。马麟化压力为动力，凭借努力和聪颖，在子承父业的同时师法多家，因而擅长山水、花鸟、人物，技法获得全面发展。

## 两枝绿萼梅＋一首题诗＝完整的《层叠冰绡图》

南宋时期，梅花尤其是“官梅”受到了上流社会的追捧。据《西湖志》记载：“南宋，行都赏梅之处有钱王宫梅岗亭之千树梅花；孤山之阴，缭岁寒亭皆古梅；皇宫御园内梅堂苔梅；张功甫梅圃玉照堂观千叶缃梅；西泠桥有红白梅花五百株，均赏梅佳处。”

“野梅”长于自然，野蛮生长，“官梅”则以稀、奇为贵，养于富贵人家的亭台楼榭，专供赏玩，有富贵妖娆之气。

相较牡丹之“天香国色”，官家和杨皇后偏爱梅花之“暗香浮动”。因而在宫苑之中有梅堂、梅坡，植有品种各异且珍贵的梅花数百株，每逢开花，堂内如烟似雾，美不胜收。

嘉定九年（1216）二月，杨皇后站在梅坡赏梅，身后乃画院待诏马麟，正毕恭毕敬地站着。杨皇后侧身向他倾诉：“几日前，你父亲获赐金带一条，心中替其欢喜，可见其鬓边微白，恍然惊觉岁月不饶人，数十年居然如白驹过隙一晃而过，而今他年近半百，风采依旧，所作之画可谓倾倒众生。”“甚是。父亲才气过人，入画院后功力越发湛厚，绘画时创意不断，成就斐然。”马麟不卑不亢回答，继而说道，“不过臣自幼学画时，耳畔时常萦绕父亲和您之间发生的趣事。他谈及您，总是笑着说：‘我与皇后正如千里马和伯乐，有惺惺相惜之意，更多是对伯乐的感激赏识之情。’父亲如今有此成就，非托皇后娘娘赏识不可。”马麟此话中肯而真挚。皇后闻言，冲他欣慰地一笑：“这般模样同你父亲如出一辙，马家也算后继有人了。”

杨皇后在钩心斗角的深宫后院中晋升，她精于运筹帷幄，绝非等闲之辈，但她一生中最美好的时光，便是同马远一唱一和的诗画合作，那才是真正的快活。两个爱梅之人聚在一起，自然而然地产生默契：他们曾以白梅、雪中红梅、雾中红梅和绿萼梅为主题进行赋诗作画。

杨皇后目光飘向一树盛开的绿萼梅，不经意道：“不如以这绿萼梅为题作幅画吧。”即令宫人笔墨伺候，在素绢上题诗：“浑如冷蝶宿花房，拥抱檀心忆旧香。开到寒梢尤可爱，此般必是汉宫妆。”最后落上“层叠冰绡”四字，以此为画名。写完，将其交予马麟赋画。

画院有与帝后联合创作之风气，所选画师皆非泛泛

〔宋〕马麟《层叠冰绡图》

之辈。马麟也是聪明人，心知皇后主动题诗和他合作，实乃有意提携。领会此举意图，他丝毫不敢懈怠，全情地观赏梅花姿态，体味梅花意味。

构图时，马麟采取折枝式构图，继承父亲的“方棱折枝”画法，枝干棱角方硬，转折多变，和“冰绡”相呼应。画面极度精简，两枝绿萼梅，或昂首绰约，或俯首含笑，占据画中一角。他以细笔勾勒花瓣和花萼，将花托染以淡淡的石绿，复施以层层白粉罩染，梅花冰肌玉骨、有如凝脂的冷艳美感跃然纸上。梅花开得繁盛，花团锦簇娇俏，偶以花苞点缀，枝干细秀劲挺，皆以双钩填彩法绘之，突出“层叠”之意。层次鲜明，枝干的转折，花朵的向背，处理得恰到好处，整幅画中只有两枝梅花，却成功地达到了以少胜多的目的。

皇后低头赏画，心中暗想：“马麟画中梅花构思与其父《倚云仙杏图》倒有几分类似。用笔虽不及其父般老辣厚重，但胜在清新秀丽。”她点点头，冲马麟道：“《层叠冰绡图》中诗和画互为解释，构成了这幅完整作品的必要条件。题诗和作画不可分割，以画点题，可见费了些心思。日后仍需磨练画技，努力向你父亲看齐。”

## 海棠花下，赏花人中隐约的忧伤

某春日戌时，宫中内侍躬身立于门前，望见屋内一片漆黑，不得不朗声禀明来意：“马待诏，您睡了吗？官家请您同去赏花哩。”马麟刚入寝，睡意未深，听闻官家传讯，“腾”地弹起，一边快速穿衣，一边应道：“行，稍等，我整理一下。”

片刻，马麟亦步亦趋地跟在内侍身后。戌时二刻，二人离照妆亭数米远，马麟匆匆脚步倏地慢下来，眼神迷离中流露一丝惊叹。此时，鹅黄的月光洒下，庭院中六七名宫女夜下秉烛，银烛高照，灯火闪烁。他抬眼望去，只见一片海棠花海，朵朵拥簇，晕染着淡淡的光辉，似晚间云霞，衬着枝头一重重新绿，真乃“花中神仙”。他陶醉于花间，脑海不禁浮现苏轼的一首《海棠》：“东风袅袅泛崇光，香雾空蒙月转廊。只恐夜深花睡去，故烧高烛照红妆。”

“马待诏？”内侍半只脚踏入亭内，转身却见马麟驻足原地，不禁催促道。马麟回神，大步迈入，见到官家贴身内侍董宋臣，好心情消减大半，但他面上不动声色，陪侍于君侧。

董宋臣奴颜婢膝，近身向官家谄媚：“自古良辰美景配佳人，此等光景怎可无美人相伴。近日臣从民间新召入一批歌妓舞女，个个婀娜多姿，美艳动人。”官家点点头，美滋滋一笑，道：“知我者莫若宋臣啊，有赏。”

当众人兴致正浓，马麟听着这番对话，看着董宋臣这般逢迎模样，表情瞬间沉淡了下去。他的笑靥定格在一片海棠花的烟雾中，消匿了情致。他独自清醒，所谓滋味万千，大概就是这一瞬间的事情。

这宦官董宋臣人前人后两副面孔，官家面前阿谀奉承，深得官家欢心，而背地却恃宠弄权，不可一世，民间皆称其为“董阎罗”。他曾令父亲马远画《三教图》，画中老子中坐，释迦立于旁，孔子则作礼于前，顿时高下立见，此举意欲借父亲之手侮辱圣人孔子。绍定五年（1232）十二月，作为马家最大艺术赞助者的皇太后（即杨皇后）薨逝，也成了马家盛极而衰的标志。

一系列残酷的现实接踵而来，似警钟长鸣，不断敲打着马麟的心弦，让他深刻地体认到：作为一名宫廷画师，只能以画立命，在皇权政治的笼罩下，为委身求全，不免要曲意逢迎。

更何况其时内部朝纲不振，而外部有蒙古大军虎视眈眈，伺机而动。内外政治环境的不乐观，令无权无势的马麟无可奈何，只得小心翼翼，如履薄冰地迎合当朝者的审美趣味和爱好。

马麟面色如故，袖下双拳暗暗攥紧，长吸一口气，隐忍情绪：局面无法挽回，但家族的荣耀绝不能断送在他手中。半个时辰后，赏花结束，众人各自离去。马麟松开拳头，这短短的时间他仿佛是个花农，看遍花谢，却等不到花开。而他睡意消散，匆匆回去后彻夜未眠，

〔宋〕马麟《秉烛夜游图》

精心绘制了一幅《秉烛夜游图》。

画中廊庑低回绵长，高亭飞檐，富丽精工，主人躺在太师椅上，惬意地赏花。而园中仆从立于高烛台一侧，银烛两两相对，一字排开，工整有序，两侧海棠盛开，如烟如幕，可见画家精心装点。亭后远山烟树，若隐若现。

即使马麟尽量克制，但他心中郁结难平，不自觉地将主观情感注入创作中。细节处，烛光偏向于东，可见西风吹拂，产生一股萧瑟之意，幽雅而富有诗意的乐景蒙上了淡淡的哀情。

## 居庙堂之高，亦可隐于朝

淳祐六年（1246）秋日，官家顺着锦胭廊一路往前，步伐轻快，内侍迈着碎步紧跟其后，手中小心翼翼地捧着一幅卷轴。半晌，官家熟门熟路地走进一间气势恢宏的宫殿。

这座宫殿名为缉熙殿，由官家亲自取名，“缉熙”二字颇有历史底蕴，取自《诗经·周颂·敬之》：“日就月将，学有缉熙于光明。”蕴含着官家向贤者学习，趋向光明之义。四周环境清幽，殿内既有经史子集等藏书，卷帙浩繁，也有古玩古物、书画墨宝。缉熙殿是宫中一座多功能私人殿宇。官家时常在殿内读书宴息，每得书之旨味，尽消日理万机之疲惫。此外，殿内也常为理学名儒举行经筵侍讲。

二人先后走入殿内，官家目光四处扫描，似乎在找什么，最后目光定格在一处，朝身旁内侍道：“把画挂这吧。”等悬挂完成，他满意地点点头，安然地翻开一本书。

须臾，一位理学家迈入殿内，他一眼瞧见墙上悬挂着一幅惹人注目的巨型画。粗略估计，长约 2 米，宽约 1 米。官家见人来，合上书搁置一旁，忙不迭问道：“爱卿，看看这幅画如何？”那人闻言，昂首驻足观摩。两株古松，枝干盘曲苍劲，宛如游龙，远山苍茫渺远，泉水泠泠，环境清幽质朴，有冲和典雅之气。有位隐逸高士惬意地坐于松下，身子自然斜倚，左手扶树根，衣襟微敞，左腿盘曲，悠游自在。

如何断定画中人为隐逸高士？从其标志性着装可见微知著：高士头上所戴乃东晋隐士陶渊明漉酒巾帽，身穿士大夫山野服，脚穿一双高墙履，且右脚旁置一把拂尘。有一侍童手执蕉叶扇，面向高士，静侍其侧。

理学家继而将视线落于高士面部神情，只见高士脸朝左侧，而双眼不自觉地瞟向右侧，露出一只耳朵，神情安详。周围藤蔓、枝叶潇洒地飞舞，齐齐地一边倒，是迎风吹拂的痕迹。哦，原来他正侧耳倾听疾风掠过松林时的飒飒声响呢！高士的闲情逸致凸显其内心的平静。

画面动中有静，静中有动，立即鲜活灵动起来，仿佛能穿过那层画纸看到画师的心境。

整幅画采取边角式构图，简洁而又细密，笔墨技法近似马远，山石以大斧劈皴画之，方硬峭拔，但偏于温籍秀润。树枝多以折枝绘就，水墨渲染，较有质感。人物衣纹笔法圆劲。

理学家揣测：“为马麟所作。”他目光往右上角移动，只见以楷书题着“静听松风”四字，面露欣赏之色。

官家见其神情，扬眉道：“此画乃马麟所作，画风

〔宋〕马麟《静听松风图》

俨然成熟，不难窥见魏晋风度。”理学家答道：“诚然，画中高士身心俱隐，悠然自在。”他微微停顿，话锋一转：“古人云‘小隐隐陵薮，大隐隐朝市’。处境使然，吾未必然。隐居乡野山林固然令人歆羡，却不惟隐逸之唯一选择。凡事皆有多样性，处于人世喧嚣，更讲究一种身心修炼，注重修身养性。官家您励精图治，指点江山，先天下之忧而忧，后天下之乐而乐，既有兼济天下之胸怀，又能格物致知，追求心与万物和谐之道，亦不失隐逸之风范。”官家喜不自禁，直爽道：“哈哈，看来朕也似乎算‘大隐隐于朝’咯！”

至此之后，官家愈发注重修身养性，同时又胸怀天下，体恤民间疾苦。淳祐七年(1247)，临安建立了一间慈幼局，选址时将其建于施药局之侧，以便救治。这是世界上第一所官办孤儿院，实为儿童专属福利机构，它秉承“矜孤恤寡，敬老怀幼”的宗旨，救济了无数弃婴、病童，救济工作趋向专业化、制度化，承载着官家“必使道路无啼饥之童”的慈幼理想逐步推广至南宋各州，从而实现普遍化。

## 一份来自“女儿奴”父亲的“特别”礼物

嘉熙二年（1238）九月，官家喜得一子，宫内上下喜气洋洋，团团围绕着小皇子，对其百般呵护，无不祈盼他平安健康。哪知好景不长，两月后，小皇子因病夭折。再度听闻噩耗，官家心如刀绞，死死咬住握拳的手，断续而低沉地抽噎，他绝望地想：“此生怕是无福享受儿女承欢膝下之乐了。”

或许上天眷顾，三年后，备受官家宠爱的贾贵妃诞下一女，于是，公主成为皇家“独生女”，可谓集万千宠爱于一身。公主生性活泼可爱，娇俏动人，深得官家欢心。淳祐十一年（1251），公主十一岁，官家特地诏佛光法师法照，举行炽盛光忏法，为公主祈禳。

官家对公主的宠爱人尽皆知。宝祐二年（1254）秋，马麟向官家进献了一幅《夕阳秋色图》，感念官家此情以及父亲对他的付出。官家粗粗一看，瞬间领会此画乃取意“山含秋色近，鸟度夕阳迟”，为刘长卿一首五言律诗《陪王明府泛舟》颔联。只见画中远山衔日，山川从树笼罩在一片晚霞云雾之中；水波清秋，四只燕子自由地低飞嬉戏，或昂首振翮，或水上盘旋，或掠水而过，体态轻盈。

三座远山，“半山”耸立，近处浓墨重笔，树丛繁密，中间山峦起伏，画树时，笔墨淡浓相间，形态变化下产生视觉上的丰富，并实现空间上自然的延伸与过渡。最远处一座山，位于画面中心偏左，轻描淡勾，露出一角，且与前两重山川紧挨不同，保持着一定距离，显露画家苦心经营的痕迹：一方面平衡充实了画面，另一方面向远方延伸，将有限趋于无限。远山的参差变化既凸显了空间层次感，又诗意地传递出夕阳西下时的光影效果。

“马麟此作着墨不多，却意趣横生。胜似其父，画中充满诗情画意。”官家看得忘乎所以，好像把一切烦恼置之脑后，尽情沉浸在画中山水意境里。“山含秋色”和“夕阳迟”中，“含”和“迟”皆为诗眼，二字抽象而饱含情感，如何用具象意象去表现非具象意境，体现画家诗意感悟和表现的水平，马麟却画了几抹紫红云霞轻松撷取诗意，令人钦佩。落霞弥漫在山间云雾之中，即将消逝，化作云岚中的一抹温柔。

见燕子嬉戏连连，官家目光逗留于此，心潮涌动，眼神愈发温柔：“寻常人皆知燕子并非秋季之鸟，可燕

〔宋〕马麟《夕阳秋色图》

子多情，生性眷恋旧巢，辛勤哺育雏燕，世人常以之象征亲情。画中四只燕子象征一家四口[①]，马麟深知我心。”

诗中原本的萧瑟气息却因画中燕子的温馨和乐而冲淡不少，见画中上端预留，官家便化用原诗，改动两个字，大笔欣然题上“山含秋色近，燕渡夕阳迟”。最后，落上“赐公主”三字，寓意幸福和谐。

于是，十四岁的瑞国公主收到了父皇赏赐的一件“特别”的礼物，不是奇珍异宝，也不是绫罗绸缎，而是一幅画。礼轻情意重，却饱含作为父亲最真挚的祝福。

景定三年（1262）秋七月庚午，刚过桃李年华的公主因病薨于府内。听闻噩耗，官家顷刻泪流满面，两眼一花，“咚”的一声，猝不及防地栽倒在地。他瞬间苍老了几岁，眼巴巴地望着《夕阳秋色图》，有如望穿秋水。睹物思人，可官家再也哭不出来，因为他的眼泪早已流干，心如死灰。

长久以来，马麟似乎隐于父亲羽翼之下，马远画作的万丈光芒导致马麟不被后世看重。此外，马麟创作时，马远偶尔“添砖加瓦”，导致含混不清，很难做出允当的评判。毋庸置疑的是，马麟流淌着父亲的血液，他继承家学，但并不安于因循守旧，而是旁学他家，又变其画法，最终化为己用，成为一名多面手，尤为擅长营造诗意的气氛。马麟虽稍逊于其父，但独有过人之处，画风秀润，逐渐偏向于文人画，总体艺术成就较高。

是金子总会发光，马麟在高手云集的马家中最终证明了自己的艺术造诣，“一门五代七画家”的佳话在他的笔下画上了圆满的句号。

①宋理宗收养了荣王赵与芮之子赵禥。

# 参考文献



1. 〔清〕厉鹗：《南宋院画录》，浙江人民美术出版社，2016年。

2. 〔明〕张岱：《西湖梦寻》，上海古籍出版社，1982年。

3. 〔元〕脱脱等：《宋史》，中华书局，1985年。

4. 〔宋〕赵升：《朝野类要》，中华书局，1985年。

5. 〔汉〕班固撰，〔唐〕颜师古著：《汉书》，中华书局，1962年。

6. 刘亚宁：《从〈采薇图〉看画家的爱国情怀》，《美与时代（中）》2017年第3期。

7. 陈野：《南宋绘画史》，上海古籍出版社，2008年。

8. 任可心、张博豪、湛磊：《李唐绘画特点及艺术风格》，《大众文艺》2019年第23期。

9. 郭建平：《萧照与〈山腰楼观图〉》，《沧桑》1997年第4期。

10. 尹建功：《浅谈刘松年〈猿猴献果图〉的表现手法及其意境》，《牡丹》2018年第33期。

11. 张春霞：《从〈四景山水卷〉看南宋画家的西湖情结》，《大众文艺》2011年第9期。

12. 马骁骅：《沉寂中蕴藏着生机——夏圭的〈雪堂客话图〉》，《老年教育（书画艺术）》2013年第3期。

13. 徐吉军：《南宋临安工商业》，人民出版社，2009年。

14. 王国平：《〈西湖文献集成〉第 8 册——清代史志西湖文献专辑》，浙江人民出版社，2004 年。

15. 魏繁星：《南宋的缉熙殿》，《华夏文化》2016 年第 4 期。

16. 管健鸿：《从马麟〈静听松风图〉探析宋理宗的隐逸思想》，《中国美术》2019 年第 1 期。

17. 陈文璟：《云舒浪卷——南宋时期的名画》，文化艺术出版社，2012 年。

18. 黄玉立：《刘松年〈罗汉图〉赏析》，《美与时代（下半月）》2009 年第 4 期。

19. 杨光影：《论南宋苏轼诗歌与南宋院体画的诗画互文现象——以马麟〈秉烛夜游图〉为例》，《艺苑》2017 年第 2 期。

20. 黄籽杰：《南宋马远〈水图〉卷考辨》，《美术研究》2020 年第 1 期。

21. 贺慧娜：《〈华灯侍宴图〉探析》，《美术报》2018 年 7 月 21 日，第 13 版。

22. 陶振兴：《马远山水画的留白研究——从马远〈梅石溪凫图〉谈起》，《美术大观》2020 年第 3 期。

23. 薛玉霞：《浅析林椿的〈果熟来禽图〉的雅与淳》，《戏剧之家》2020 年第 11 期。

24. 孔六庆：《中国画艺术专史·花鸟卷》，江西美术出版社，2008 年。

25. 张月姮：《浅谈宋代画痴梁楷的减笔画历程》，《书画世界》2017 年第 6 期。

26. 姚青华：《中国历代山水名作技法解析》，经济管理出版社，2014 年。

27. 韩刚：《“非缺文，实不敢也”——南宋人不谈“南宋画院”原因分析》，《美术研究》2014 年第 3 期。

28. 闫锦：《李嵩〈花篮图〉的图像意义》，《美与时代（中）》2019 年第 12 期。

29. 李越深：《江湖诗案始末考略》，《浙江大学学报（社会科学版）》1987 年第 2 期。

30. 陈振濂：《品味经典——陈振濂谈中国绘画史》，浙江古籍出版社，2007 年。

31. 赵忠华、郭玲玲：《雪舟的来华游历和北宗山水——兼论明代的中日绘画交流》，《中国书画》2016 年第 3 期。

32. 曹鼎之：《李唐〈清溪渔隐图〉研究》，硕士学位论文，南京艺术学院，2019 年。

33. 朱正：《由〈山腰楼观图〉看两宋山水画空间演变》，硕士学位论文，中国美术学院，2015 年。

34. 王瑀：《〈中兴瑞应图〉研究》，硕士学位论文，中央美术学院，2012 年。

35. 张莹：《宋代茶事绘画及其文化内涵探析》，硕士学位论文，河南大学，2012 年。

36. 窦萍：《透视中国画“斗茶图”及其茶文化内涵》，硕士学位论文，浙江农林大学，2011 年。

37. 龚美娟：《马麟〈静听松风图〉图像内容及图式研究》，硕士学位论文，浙江大学，2019 年。

38. 田锐：《南宋临安火灾研究》，硕士学位论文，辽宁大学，2017 年。

39. 邵天逸：《〈踏歌图〉研究》，硕士学位论文，浙江师范大学，2018 年。

40. 袁子羽：《风俗·吉祥·广告——李嵩〈货郎图〉研究》，硕士学位论文，华东师范大学，2018 年。

41. 宋栩栩：《繁花似锦——南宋〈花篮图〉研究以李嵩本为例》，硕士学位论文，中国美术学院，2018 年。

42. 李凯：《宋代收养制度研究》，硕士学位论文，苏州大学，2010 年。

43. 顾力：《浙派兴衰的背景分析》，硕士学位论文，四川大学，2006 年。

**丛书编辑部**

艾晓静　包可汗　安蓉泉　李方存　杨　流

杨海燕　肖华燕　吴云倩　何晓原　张美虎

陈　波　陈炯磊　尚佐文　周小忠　胡征宇

姜青青　钱登科　郭泰鸿　陶文杰　潘韶京

（按姓氏笔画排序）

**特别鸣谢**

胡志毅　杨宇全　夏　强（系列专家组）

魏皓奔　赵一新　孙玉卿（综合专家组）

夏　烈　朱小如（文艺评论家审读组）